LE DEUXIÈME SEXE
Une relecture en trois temps, 1949-1971-1999

Sous la direction de
Cécile Coderre et Marie-Blanche Tahon

LE DEUXIÈME SEXE
Une relecture en trois temps, 1949-1971-1999

les éditions du remue-ménage

Couverture : Tutti Frutti
En couverture : Simone de Beauvoir à un colloque féministe, Bruxelles 1972
          Collection Françoise Collin, Les Cahiers du GRIF
Infographie : Nicolas Verastegui

Distribution en librairie : Diffusion Dimedia
Tél. : (514) 336-3941

À l'étranger : Exportlivre
Tél. : (450) 671-3888
Téléc. : (450) 671-2121

La Librairie du Québec à Paris
Tél. : 01 43 54 49 02
Téléc. : 01 43 54 39 15

© Les Éditions du remue-ménage
Dépôt légal : deuxième trimestre 2001
Bibliothèque nationale du Canada
Bibliothèque nationale du Québec

ISBN 2-89091-187-X

Les Éditions du remue-ménage
110, rue Sainte-Thérèse, bureau 501
Montréal (Québec) H2Y 1E6
Tél. : (514) 876-0097
Téléc. : (514) 876-7951

Les Éditions du remue-ménage bénéficient de l'aide financière de la SODEC, du ministère du Patrimoine canadien et du Conseil des Arts du Canada.

TABLE DES MATIÈRES

REMERCIEMENTS

Cet ouvrage collectif est né des événements entourant le cinquantième anniversaire de la parution du *Deuxième Sexe*. Un grand merci aux membres du comité organisateur du colloque annuel de la Faculté des sciences sociales tenu à l'Université d'Ottawa : Ronald Bodkin, Cécile Coderre, Ruby Heap, Colette Parent et Marie-Blanche Tahon.

Nous souhaitons souligner aussi le soutien d'André Cellard, doyen associé à la recherche, et de Caroline Andrew, doyenne, tous deux à la Faculté des sciences sociales de l'Université d'Ottawa.

Nous tenons aussi à remercier pour leur appui financier, la Faculté des sciences sociales, l'Association des universités partiellement et entièrement de langue française (AUPELF) et Jean Razungles, conseiller pour la science et la technologie de l'Ambassade de France au Canada.

Un grand merci aussi à Ginette Rozon et Nicolas Verastegui qui ont préparé ce manuscrit.

Et, bien sûr, à nos familles, amies et amis, avec un clin d'œil tout particulier à nos filles...

INTRODUCTION

DE LA TRANSFORMATION DE LA QUERELLE DES SEXES

MARIE-BLANCHE TAHON

Dans son introduction, Beauvoir dénie au *Deuxième Sexe* son inscription dans la querelle des sexes. Preuve s'il en est qu'une auteure, pas plus qu'un auteur, n'est sa lectrice la plus perspicace. Ce livre est, en effet, celui qui relance la querelle à nouveaux frais. Moins dans les réactions, parfois violentes, souvent misogynes qu'il a suscitées lors de sa parution (Chaperon 2000), que dans la rupture qu'il impulse à la manière de voir la subordination des femmes et la domination masculine. Rupture impulsée par *une* philosophe, qui prend le relais de Poulain de la Barre (1677) et de Stuart Mill (1869). Impulsion de la rupture qui tire sa force de placer au fondement de l'analyse « la situation des femmes » qui est susceptible de déconstruire la « nature de la femme ». Impulsion de la rupture mais impulsion seulement en ce qu'elle est l'œuvre d'une femme qui, lorsqu'elle écrit *Le Deuxième Sexe*, ne se prétend pas féministe.

Le Deuxième Sexe est probablement le livre à propos duquel Beauvoir a été la moins prolixe, avant les années 70, avant que les féministes ne l'interpellent à ce propos (voir, notamment, Schwartzer 1984). Ainsi que le remarque Michèle Le Doeuff, « le livre semble être sorti comme Minerve, tout casqué ». Cette formule ponctue cette observation :

> Avez-vous remarqué à quel point on a peu de documents sur sa méthode de travail ? La rédaction du *Deuxième Sexe* s'étale sur des mois, or on n'a aucune confidence, alors que sa correspondance livre bien des renseignements sur la rédaction de plusieurs de ses œuvres, *L'Invitée*, par exemple. C'est très curieux. Le livre semble être sorti comme Minerve, tout casqué (Le Doeuff, dans Rodgers 1998 : 246).

C'est d'autant plus curieux, pourrait-on ajouter, qu'elle entretient alors une correspondance très suivie avec Algren, à laquelle rien ne semble devoir échapper.

Le récit de la genèse de l'essai est dès lors d'autant plus précieux. Beauvoir le présente dans *La Force des choses*. Après avoir achevé *Pour une morale de l'ambiguïté*, elle se demandait que faire, bien qu'elle sentait le besoin d'écrire au bout de ses doigts, et le goût des mots dans sa gorge, comme elle dit joliment, mais elle ne savait pas qu'entreprendre. Lisons plutôt :

> En fait, j'avais envie de parler de moi. J'aimais *L'Âge d'homme* de Leiris ; j'avais du goût pour les essais-martyrs où on s'explique sans prétexte. Je commençais à y rêver, à prendre quelques notes, et j'en parlai à Sartre. Je m'avisai qu'une première question se posait : qu'est-ce que ça avait signifié pour moi d'être une femme ? J'ai d'abord cru pouvoir m'en débarrasser vite. Je n'avais jamais eu de sentiment d'infériorité, personne ne m'avait dit : « Vous pensez ainsi parce que vous êtes une femme » ; ma féminité ne m'avait gênée en rien. « Pour moi, dis-je à Sartre, ça n'a pour ainsi dire pas compté. – Tout de même, vous n'avez pas été élevée de la même manière qu'un garçon : il faudrait y regarder de plus près. » Je regardai et j'eus une révélation : ce monde était un monde masculin, mon enfance avait été nourrie de mythes forgés par des hommes et je n'y avais pas du tout réagi de la même manière que si j'avais été un garçon. Je fus si intéressée que j'abandonnai le projet d'une confession personnelle pour m'occuper de la condition féminine dans sa généralité. J'allai faire des lectures à la Nationale et j'étudiai les mythes de la féminité (Beauvoir 1963, I : 136-137).

Ce récit *ex post* peut susciter de nombreux commentaires. On pourrait, par exemple, retenir que c'est finalement grâce à Sartre, bien que le livre soit dédicacé à Bost, que nous disposons du *Deuxième Sexe* ! On pourrait, plus sérieusement, trouver là l'indication que les Mémoires doivent être lus à l'aune de cette recherche sur « la condition féminine dans sa généralité ». On pourrait encore retenir que Beauvoir travaille à la Bibliothèque nationale pour le premier tome (*Les faits et les mythes*) ; quant au second (*L'expérience vécue*), aucune indication n'est fournie sur ses sources. On retiendra, dans ce livre consacré à une « lecture en trois temps », que l'impulsion à une recherche sur « la condition féminine dans sa généralité » est donnée par l'«envie de parler de moi », le désir de dire « je » en connaissance de cause.

Le Deuxième Sexe n'est pas un livre féministe au sens qu'empruntera ce qualificatif dans les années 70, quand « féministe » renverra à « collectif ». Ce qui ne constitue pas, en soi, un reproche au livre et à la démarche de son auteure. Avant l'année de la commémoration, ainsi que le remarque Geneviève Fraisse. :

> [...] c'est justement sa non-représentativité, comme individu, du sexe féminin qui légitime intellectuellement sa démarche, qui rend possible l'impartialité. Par l'exceptionnalité de sa situation, elle est peut-être meilleur témoin que si elle portait dans son expression les embarras de la vie d'une femme comme toutes les autres (2000 : 276).

Cela dit, le « privilège » de Simone de Beauvoir, celui de pouvoir affirmer « personne ne m'avait dit : "Vous pensez ainsi parce que vous êtes une femme" », éventuellement lié à la rareté des femmes pensantes reconnues, l'amène à se représenter « l'histoire de l'émancipation des femmes comme un don des hommes aux femmes » (Fraisse 1992 : 269). C'est de cette représentation que le féminisme des années 70 lui apprendra à se défendre. L'exercice n'était pas aisé, la pente était longue à remonter au regard d'affirmations comme :

> [...] c'est le régime social fondé sur la propriété privée qui a entraîné la tutelle de la femme mariée, et c'est la révolution technique réalisée par les hommes qui a affranchi les femmes d'aujourd'hui. C'est une évolution de l'éthique masculine qui a amené la réduction des nombreuses familles par le « *birth-control* » et partiellement affranchi la femme des servitudes de la maternité. Le féminisme lui-même n'a jamais été un mouvement autonome : ce fut en partie un instrument aux mains des politiciens, en partie un épiphénomène reflétant un drame social plus profond. Jamais les femmes n'ont constitué une caste séparée : et en vérité elles n'ont jamais cherché à jouer en tant que sexe un rôle dans l'histoire (Beauvoir 1949, I : 221-222).

Ce qui l'amène à conclure : « il semble donc que la partie soit gagnée. L'avenir ne peut que conduire à une assimilation de plus en plus profonde de la femme à la société naguère masculine » (1949, I : 220).

Au début des années 70, les femmes qui se mettent en mouvement semblent infirmer que « la partie soit gagnée ». Toutefois, elle est largement entamée puisqu'elles peuvent se mettre collectivement en mouvement. Grâce à la période de prospérité économique et de mise en place de l'État providence qui a suivi la Seconde Guerre mondiale, les filles sont de plus en plus scolarisées et les femmes sont de plus en plus salariées et commencent à le rester, même quand elles ont de jeunes enfants. C'est en 1966, à Herstal, en Belgique, qu'éclate la première grève d'ouvrières qui revendique « à travail égal, salaire égal ». De nombreuses femmes participent aux « mouvements de contestation des années 60 » : contre les guerres coloniales (Algérie puis Vietnam), pour les droits civiques des Afro-Américains, dans les mouvements étudiants. Cette participation leur fournit l'occasion de prendre conscience du fait que les « révolutionnaires » et les « hommes de gauche » persistent à les assigner à des tâches subalternes au sein même de ces mouvements. Au Québec où l'émergence du mouvement féministe rencontre un regain de la revendication nationale, elles préviennent : « Pas de Québec libre sans libération des femmes! Pas de libération des femmes sans Québec libre! ». Des contradictions entre les avancées et les blocages surgit la possibilité de penser que la situation des femmes n'est pas immuable, qu'elle peut changer mais qu'elle ne changera que grâce à la lutte des femmes *elles-mêmes*. La « révolution sexuelle » à l'ordre du jour fournit aussi des munitions : « jouir sans entraves » suppose minimalement, pour les femmes, l'accès à la contraception et à l'avortement libre et gratuit. Quand elles scandent « nous aurons les enfants que nous voulons », qui se traduit pour chacune par « un enfant, si je veux, quand je veux », elles font vaciller le socle de la « domination patriarcale ». Assez rapidement au regard des luttes passées, elles arracheront la possibilité d'énoncer le droit de l'homme moderne : « mon corps m'appartient ».

Ce deuxième temps, qui n'est pas achevé, est celui de la dénonciation énoncée collectivement : « les femmes » ou « des femmes » remplace « la femme ». Les femmes ont été et restent victimes de la domination masculine : dans la famille, dans le travail, dans la culture, dans la théorie (philosophie, psychanalyse, histoire, sociologie, anthropologie), dans la langue, etc. Des chercheuses, encore minoritaires et minorisées, s'évertueront à rendre visible l'invisibilité des femmes et à documenter l'asymétrie entre les sexes. On pourrait considérer qu'elles se contentent là de développer le programme tracé dans *Le Deuxième Sexe*. Le livre de Kate Millett, *La Politique du mâle*, ne peut-il être perçu comme un « revampage » de celui de Beauvoir? Oui et non. Oui, en ce que le plan s'en écarte peu et que Millett se contente de présenter des romanciers plus contemporains, persistant à en faire les baromètres de la représentation de la vision qu'ont les hommes des femmes. Non, en ce qu'il n'est pas le livre d'une « privilégiée ». Kate Millett ne justifie pas l'« objectivité » de sa thèse en affirmant que « personne ne m'avait dit : "Vous pensez ainsi parce que vous êtes une femme" » pour au moins deux raisons. D'une part, elle est consciente de proposer un livre militant, ce qui ne signifie pas qu'il n'est pas argumenté à l'intention d'autres femmes; il ne répond pas à un souci de déblayer le terrain pour parler d'elle. Ce faisant, d'autre part, elle n'a pas occulté le fait que, jeune universitaire brillante, c'était tous les jours que, d'une façon ou d'une autre, verbalement ou non, sa parole et sa pensée étaient renvoyées à son être-femme. Ce qui explique sans doute que nombre de *baby boomers*, qui, dans leur jeunesse, ont fait le crochet par *La Politique du mâle* pour lire *Le Deuxième Sexe*, ont alors trouvé le premier plus mobilisateur. Ce qui, avec le recul, est sans doute discutable. La discussion tient moins au caractère intrinsèque de *La Politique du mâle* (livre auquel il faut joindre *La Dialectique du sexe* de Firestone (1972), qui mériterait d'être relu aujourd'hui, maintenant que la procréation médicalement assistée s'est concrétisée) qu'à la chance qu'elles ont eue de pouvoir contester les limites de la « situation des femmes », telle que mise en évidence par Beauvoir, à quelques années de distance. À une génération de distance, génération qui, précisément, a vu des filles, en nombre relativement important, faire des études en sciences sociales et humaines. Comme si des prolétaires avaient pu contester les analyses de Marx de son vivant… Là est la force du néo-féminisme : il a produit ses propres intellectuelles.

Aussi un troisième temps est-il déjà à l'œuvre. Françoise Collin le désigne comme celui du « différend des sexes ». Elle remarque et souligne :

> Longtemps présente de manière plus ou moins avouée dans les écrits d'hommes, la question *des* femmes – qui porte sur les femmes (« l'idée des femmes ») – est devenue la question *des* femmes – prise en charge par les femmes. D'être ainsi déportée et partagée, elle a pris un sens nouveau. Elle ne se dissimule plus dans le détour de la pensée où il faudrait aller la déloger : elle est appréhendée comme telle. Elle n'est plus un effet mais un motif. Et elle fait l'objet d'un débat entre les parties en cause, passant ainsi de son statut d'énoncé à son statut dialogal, à la fois théorique et pratique. Elle a été jetée sur la table (Collin 1999 : 9).

Cette perspective se rencontre aussi dans l'expression de Geneviève Fraisse : « La controverse des sexes ». « Le temps de la controverse » s'ouvre avec le fait qu'« on se dispute autour d'un objectif désormais commun : l'égalité. Il est devenu inimaginable d'affirmer l'inégalité ». Le débat français sur la parité est exemplaire à cet égard. Il a également mis en évidence qu'avec le passage à « la controverse des sexes », le débat s'établit entre les femmes elles-mêmes. Fraisse commente :

> Le désaccord montrait à l'évidence que les femmes étaient suffisamment nombreuses pour que leurs voix soient multiples et diverses. Le temps

de l'héroïne, de la porte-parole, de l'exception singulière est donc bien passé. De nombreuses femmes aujourd'hui ont accès à la publicité de la pensée qui va de pair avec l'exercice démocratique. Ainsi le désaccord m'a paru bon signe : nous étions assez nombreuses pour n'être pas d'accord. L'espace public, journaux et livres, en se faisant l'écho de la controverse, accréditait un peu plus la pénétration des femmes dans la fabrique de l'histoire (Fraisse 2000 : 506).

Le passage du statut de « victimes » à celui de « plaignantes » qui instruisent le procès de l'inégalité associée à la différence des sexes, qu'enregistre la situation des femmes aujourd'hui, ouvre notamment la perspective de rompre avec l'altérité de la femme, plus précisément de rompre avec l'idée qu'elle serait la quintessence de la différence, qu'il y aurait une analogie entre les femmes et tous les opprimés : les Noirs, les Juifs, pour reprendre les références de Beauvoir, auxquelles on pourrait ajouter aujourd'hui les homosexuels. Par exemple, Éric Fassin (2000 : 75), dans un débat sur l'accès des homosexuels à la famille, critiquant le débat sur la parité qui, selon lui, aurait été argumenté autour de la « différence des sexes », propose: « Pourquoi ne pas partir de la question de la discrimination? Cela permet de penser la discrimination non seulement à l'encontre des homosexuels, mais aussi à l'encontre des femmes, et au-delà, des minorités ethniques », comme si les lesbiennes n'étaient pas des homosexuels comme les autres ou qu'elles n'étaient pas des femmes...

Le choix des extraits du *Deuxième Sexe* présentés dans *Les Femmes de Platon à Derrida* repose, écrit Françoise Collin, sur le désir de faire...

> [...] apparaître la complexité du rapport des femmes à la libération et à la liberté : leur accès à l'universel se fait-il dans la conversion au masculin, dans la neutralité sexuée, ou à partir d'une différence des sexes qui ne serait plus socialement discriminante? La critique de la domination historique d'un sexe par l'autre qui forme le fil continu de l'œuvre ne détermine pas une réponse simple à cette question (Collin 2000 : 674).

Les commentaires ici présentés ont d'abord pour objectif d'inciter à la relecture ou à la lecture d'un des livres majeurs du vingtième siècle. Lecture d'autant plus stimulante qu'aujourd'hui les femmes sont libres de revendiquer d'être égales et que les chemins de la liberté restent escarpés.

L'ouvrage est divisé en quatre parties. La première est consacrée à la réception du *Deuxième Sexe* au Québec. Dans le premier article, **Marie-José des Rivières et Geneviève Thibault** croisent deux types de réception de l'œuvre : celui qui s'exprime dans des textes publiés depuis les années 50 et celui recueilli par des entrevues auprès de Québécoises de trois générations. Une vision nuancée s'en dégage : malgré la censure plus ou moins feutrée, dès sa parution, *Le Deuxième Sexe* a des lectrices attentives et intéressées au Québec, mais l'attraction du mode de vie de l'auteure ne joue guère pour cette première génération. Alors que, par la suite, le personnage Beauvoir attire peut-être davantage les féministes devenues radicales que le livre lui-même. Celui-ci ne tombe toutefois pas dans l'oubli puisque des jeunes femmes continuent à le découvrir et à la considérer comme un « héritage vivant ». L'article de **Diane Lamoureux** documente plus particulièrement les relations entre le féminisme radical québécois des années 70 et les dits et non-dits du *Deuxième Sexe* et du beauvoirisme. Relations qui ne sont pas mécaniquement inscrites sous le signe de la transmission. Transmission à l'égard de laquelle Lamoureux propose finalement quelques pistes de réflexion programmatiques destinées à susciter le débat, en particulier dans le féminisme « institutionnel ».

La deuxième partie s'attarde à trois figures abordées dans le deuxième tome du *Deuxième Sexe* : la lesbienne, la mère et la prostituée, en les inscrivant dans l'histoire qui a été ouverte par cette réflexion et en examinant ses prolongements jusqu'à présent. **Marie Couillard** questionne la figure de la lesbienne chez Beauvoir à la lumière de l'avancée conceptuelle et poétique offerte par Nicole Brossard. L'un des intérêts majeurs de son article réside dans la réflexion qu'il suscite à propos de l'écriture, dans le rappel de l'exploration féministe dans le temps deux de notre parcours (1949-1971-1999), aujourd'hui plus occultée dans le féminisme « institutionnel » mais toujours nourricière dans le passage de la « victime » à la « plaignante ». L'article de **Marie-Blanche Tahon** consacré à la maternité souligne le caractère pionnier et prometteur de la réflexion beauvoirienne à propos de la désassimilation de la figure de femme et de la figure de mère. Ce qui n'empêche pas Beauvoir de contribuer à construire le corps des femmes asservi à l'espèce et de penser la libération en termes de technique et non de politique. Sur ce point, son héritage a largement fructifié et continue à produire ses effets. La revendication de la parité a pourtant fourni l'occasion de repenser les catégories sexuées dans le cadre de l'universalité. Ce que, paradoxalement, Beauvoir permet de mieux étayer. C'est aussi à l'abord paradoxal de la prostituée que s'attache l'article de **Cécile Coderre** et de **Colette Parent**. En présentant symétriquement la situation de la prostituée et celle de la femme mariée, l'approche beauvoirienne rompt avec la conception alors prédominante qui associait notamment prostitution et dégénérescence. Elle se garde également de tout jugement moral sur le commerce des services sexuels, tout en considérant que la prostitution ne constitue pas une voie qui permette aux femmes de se poser en sujets libres. De cet héritage complexe, assez rarement revendiqué comme tel, des années 70 à aujourd'hui, des féministes feront de la prostitution l'expression par excellence de l'« esclavage » sexuel des femmes, tandis que d'autres plaideront pour qu'elle soit reconnue en tant que profession « comme une autre ». L'apport de Beauvoir, qui permet de ne pas figer l'approche de la prostitution et des luttes à mener pour le droit à la dignité des prostituées, conserve donc son caractère stimulant dans la réflexion toujours plus urgente à mener, en ces temps qui, avec l'ouverture croissante des frontières étatiques aux biens et aux capitaux, enregistre une flambée de la traite des êtres humains de la part de maffieux de tout acabit.

La troisième partie illustre que si *Le Deuxième Sexe* constitue un livre majeur pour penser, il n'est toutefois que l'une des composantes d'une œuvre d'une auteure – tour à tour et à la fois – philosophe, romancière, essayiste, mémorialiste. Replacer le livre de 1949 dans cette perspective permet de mettre en évidence une pensée en travail, une pensée non figée. En recourant essentiellement à *Pour une morale de l'ambiguïté* (1947), **Carole Nöel** ne craint pas de formuler l'hypothèse selon laquelle, dans l'œuvre de Beauvoir, « la fatalité d'une maternité contingente n'est pas incontournable ». Cet article alimente aussi indirectement la question du statut du *Deuxième Sexe* : une œuvre philosophique ou sociopolitique? Ou, déjà, une œuvre transdisciplinaire, à l'image de nombreuses productions féministes ultérieures. Il ouvre également le questionnement sur le statut philosophique de la parole beauvoirienne, trop souvent assimilée à la « voix de son maître » – perspective récusée ici même par Yvanka Raynova et aussi dorénavant enrichie en français avec la traduction du livre de Gothlin (2001). En rappelant l'importance de l'œuvre fictionnelle, **Françoise Rétif** attire l'attention sur une des hantises de Beauvoir : l'articulation entre la nécessité de dire ses certitudes et la conscience de ce que la vie ne se laisse pas enfermer dans celles-ci, la tension entre la nécessité de l'engagement et la conscience de ses limites. De la lecture du *Deuxième Sexe* mais aussi des romans et mémoires, Rétif suggère que l'engagement de Beauvoir se situe dans la réinvention du mythe de l'androgyne, dans l'utopie de l'universalité d'un être humain androgyne, au sein duquel coexisteraient le féminin et le masculin en leur tension créatrice. L'apport du texte **Michèle Kérisit** à ce recueil est double : il illustre une approche en deux temps dans l'œuvre de Simone de Beauvoir et il replace cet héritage en deux temps dans les trois balises temporelles ici proposées. En croisant *Le Deuxième Sexe* (1949) et *La Vieillesse* (1970), Kérisit saisit l'occasion de souligner un aspect de l'œuvre de Simone de Beauvoir qui continue à nous émouvoir, quel que soit le jugement « académique » que nous nous autorisons sur sa production intellectuelle et sur son héritage : sa capacité de s'approprier une question qui la touche, elle, l'individu Beauvoir, et de la traiter de manière telle qu'elle force à une réflexion celles et ceux qui sont partie prenante de cette situation sans la réduire à du « vécu ». C'est peut-être son aspect « grande dame », agaçant parfois, qui contient le legs le plus précieux qu'elle nous ait transmis : la capacité de prendre de la distance face à une situation particulièrement difficile à vivre – parce qu'elle est construite « pour » aboutir à cette difficulté – de sorte qu'elle permet aux femmes, aux vieux et aux vieilles de ne pas se vivre seulement comme victimes mais aussi, et malgré tout, comme plaignantes et plaignants, comme instructrices et instructeurs du procès de la situation qui finit par leur être imposée. Les écrits de Beauvoir sont sans doute l'antidote par excellence pour armer notre résistance sans concession – à un bord et à l'autre – à la rectitude politique. Le travail de Kérisit, en plus d'offrir un « état de la question » particulièrement aiguisé des analyses contemporaines du troisième âge et, maintenant, du quatrième âge, contextualisées dans ce dernier demi-siècle, renoue avec celui de Beauvoir : instruire le procès « pour » modifier la « situation » : la situation n'est pas un donné.

Que la « situation » – concept forgé par Beauvoir qui permet d'entrevoir le passage du statut de victime à celui de plaignant, qui permet de faire passer la réflexion de la « différence des sexes » au « différend des sexes » – puisse ne pas être conçue comme un « donné » est une proposition qui reste actuellement difficile à conceptualiser. Dans la quatrième et dernière partie, intitulée « Altérité et différence », l'article de **Yvanka Raynova** présente l'abord original par Beauvoir de la notion d'altérité. Notion qui, dans *Le Deuxième Sexe*, constitue le point de départ et le fondement d'une critique multiforme de la situation des femmes. Ce faisant, ainsi que le démontre Raynova, Beauvoir se révèle être une pionnière dans les débats sur la déconstruction, la délégitimation et la différence, même si son apport est le plus souvent passé sous silence par les champions contemporains de ces postures. Pour Raynova, « la thèse fondamentale du *Deuxième Sexe*, à savoir que le débat sur la différence et l'égalité ne pourrait être résolu qu'à travers la distinction entre le sexe et le mythe, représente aujourd'hui encore un défi aussi bien pour la théorie féministe que pour le déconstructivisme et la pensée de la différence ». Enfin, l'article de **Gertrude Mianda**, en tentant de retracer la généalogie composite du « féminisme postcolonial », soutient que l'une de ses racines se situe dans *Le Deuxième Sexe* et dans les positions anticolonialistes de son auteure. Cet article illustre le défi que constitue pour la pensée, y compris pour la pensée féministe, la nécessité de prendre en compte non seulement la différence mais les différences, sachant qu'il s'agit d'une notion intransitive (on est différent « de » et jamais « en soi »). En recourant, en conclusion, à une valorisation de la sororité, Mianda incite à proposer un débat à nouveaux frais, éventuellement douloureux à certains égards : comment penser une éventuelle sororité au-delà de la domination, dans une perspective de libération? Ce qui n'est pas sans rapport avec l'appréhension de « l'altérité ».

En tentant d'évaluer l'héritage du *Deuxième Sexe* dans des questions toujours à l'œuvre dans la réflexion et la pratique des féministes, ce recueil d'articles permettra, nous l'espérons, d'élargir ces mêmes questionnements.

PREMIÈRE PARTIE

LA RÉCEPTION DU *DEUXIÈME SEXE* AU QUÉBEC

LE DEUXIÈME SEXE : TÉMOIGNAGES DE QUÉBÉCOISES DE TROIS GÉNÉRATIONS

MARIE-JOSÉ DES RIVIÈRES ET GENEVIÈVE THIBAULT

L'année 1999 aura été marquée par la célébration du cinquantenaire du *Deuxième Sexe*. Tout au long de notre travail sur la réception privée et publique réservée au célèbre essai, nous avons eu la chance de participer activement à la réflexion bouillonnante qui s'ébauchait autour de l'événement. À mesure que nous avancions dans notre recherche, au gré des rencontres, des entrevues et des colloques, le phénomène « *Deuxième Sexe* » reprenait vie. Qu'en est-il aujourd'hui de la postérité québécoise du *Deuxième Sexe*? Cette somme d'un millier de pages, qui concède pour la première fois un statut philosophique à l'analyse du mécanisme de l'oppression féminine et qui soulève la plupart des questions féministes d'hier et d'aujourd'hui, quel statut lui confère-t-on au juste? Texte fondateur, livre phare, moment historique, lieu discursif de l'émancipation ou laboratoire social? S'accorde-t-on même à conférer un rôle, une influence déterminée à cet essai qu'on dit sans programme ou projet politique défini?

Il va sans dire que le destin de l'essai s'est complexifié du fait de ses rapports indissociables avec l'œuvre, la personne et le personnage de l'auteure. Femme *en situation*, monument vivant, mère spirituelle idéalisée, mise à distance ou reniée, Beauvoir fut tout cela à la fois. Qui plus est, le rapport des lectrices au *Deuxième Sexe* dans le temps s'accompagne lui aussi de revirements, de contradictions, d'ambiguïté et de paradoxes. C'est pour toutes ces raisons qu'il nous est apparu pertinent de juxtaposer discours scientifique et paroles du souvenir, travail de l'histoire et travail de la mémoire, articles savants et entretiens libres dans cet aperçu de la trajectoire du *Deuxième Sexe* dans l'imaginaire québécois.

Pour analyser la réception québécoise du *Deuxième Sexe,* nous avons effectué une recherche dans les journaux, les revues et les magazines féminins. Nous présenterons d'abord le contexte général qui se dégage de cette saisie. De plus, il a paru intéressant de prendre le pouls de douze femmes de trois générations au moyen d'entrevues. Nous tenterons, dans un deuxième temps, de mesurer comment des destins privés ont pu être influencés par la lecture de l'œuvre de Simone de Beauvoir. L'historien Michel de Certeau a parlé bien avant nous de cette tension contraire qui existe entre l'histoire et la mémoire (de Certeau 1990). Nous présenterons donc deux réalités, celle du discours savant et celle de l'expérience et de la transmission orale. En revoyant, au passé et au présent, l'accueil réservé au *Deuxième Sexe,* nous remarquerons plusieurs enjeux liés aux générations et à l'effet du temps.

La réception de la presse écrite ou les avatars d'un livre-choc

En 1949, le fossé culturel qui sépare *Le Deuxième Sexe* de celles qui ne se disent pas encore Québécoises mais Canadiennes françaises paraît immense. L'ouvrage, mis à l'Index, est passé sous silence dans la province ultra catholique du duplessisme. Pourtant, dès 1950, on fait mention dans la presse canadienne-française d'un essai traitant de la « question des femmes », comme on la désignait alors. L'article, unique en son genre, est signé Madeleine de Calan et paraît dans la revue *Liaison*, une revue portant sur les arts et lettres. De manière assez prévisible, la prose de la chroniqueuse tente de juguler la teneur révolutionnaire de l'ouvrage par le dénigrement et la banalisation de l'ironie. Toutefois, sous des dehors assurés, la rhétorique conservatrice laisse transparaître l'inquiétude : « [le] jargon philosophique rebutera beaucoup de lectrices [...]. Mais [Simone de Beauvoir] pourrait s'attirer quelques femmes par une sorte de connivence sordide et leur insuffler une mesquine et vilaine révolte » (De Calan 1950 : 215).

Cette époque est d'un immobilisme trompeur. C'est dans un contexte ambigu, fait de conservatisme et de modernité naissante, que *Le Deuxième Sexe* est d'abord reçu. La domination du clergé va devoir bientôt céder devant l'entrée, différée mais inéluctable, du Québec dans la modernité économique et culturelle. Quant aux femmes d'action, leur silence ne signifie pas pour autant l'indifférence. Discrètement, la légende du livre se propage de bouche à oreille. Madeleine Ferron a témoigné des détours dont usaient les intellectuelles dans les années 50 pour transgresser l'interdit de l'Index et mieux faire circuler, dans les nombreuses associations féminines, la « bonne nouvelle » d'outre-Atlantique :

> À la suite de nos lectures de magazines étrangers, tel *l'Observateur*, l'on commandait en France les ouvrages que nous désirions lire. C'est de cette façon que j'ai lu *Le Deuxième Sexe* et que j'en ai parlé à d'autres femmes lors de réunions paroissiales[1]...

C'est ainsi qu'en moins d'une décennie, *Le Deuxième Sexe* va devenir la « bible occulte » de nombreuses universitaires ou syndicalistes, sympathisantes du *Refus global* ou militantes d'action catholique, qui le lisent « sans qu'elles l'avouent ouvertement », écrira plus tard Hélène Pelletier-Baillargeon (1986 : B-2). « Étrange bible » dont la notoriété se répand surtout par la transmission orale et « que l'on s'approprie de manière éclectique et variée », mais qui toutefois marque profondément ses lectrices par « l'étonnante nouveauté du diagnostic et la rigueur de l'argumentation (*ibid.*) ». Mais tous ne s'accordent pas à relever le caractère fondateur du texte. En 1957, *Cité libre* consacre un long commentaire au *Deuxième Sexe*. Si le docteur Michel Dansereau analyse la thèse beauvoirienne de la femme comme *Autre*, c'est pour mieux y voir un prolongement de l'existentialisme sartrien dont il s'attarde à réfuter le matérialisme athée. Dans le combat idéologique que se livrent les tenants de l'existentialisme et leurs opposants, la lecture radicale que fait « la bonne élève de Sartre » (Dansereau 1957 : 51), de l'oppression des femmes est quelque peu tenue en otage : « Notre collaborateur a fort justement vu que *Le Deuxième Sexe* est un développement de la grande fresque philosophique de Sartre. » (Cormier 1957 : 51).

Pourtant, dès les débuts de la Révolution tranquille, *Le Deuxième Sexe*, même s'il demeure entouré d'une certaine aura sulfureuse, devient le livre de référence sur la condition féminine pour nombre de Québécoises. En 1964, *Châtelaine*, grand magazine féminin populaire, consacre un dossier au quinzième anniversaire de l'essai : entrevue avec l'auteure, mais aussi vaste enquête auprès d'une centaine de femmes qui répondent à la question « quelle influence la pensée de Simone de Beauvoir a-t-elle exercée sur votre évolution? ». L'éditorial réitère les revendications du féminisme égalitaire; la rédactrice en chef, Fernande Saint-Martin, partage les vues de Beauvoir. Le ton se veut mobilisateur et exprime l'influence prépondérante du *Deuxième Sexe*. Il témoigne aussi des transformations profondes que vivent les femmes, écartelées entre le modèle conventionnel prôné dans l'Amérique prospère des Trente Glorieuses, celui de la femme au foyer, et un féminisme libéral, individualiste, qui revendique l'émancipation par l'accès aux structures masculines de la société :

> Simone de Beauvoir a fait pour nous le point de la situation actuelle [...] les femmes en réalité y sont mises en accusation. [...] Trop peu de progrès, semble-t-il, ont été réalisés. [...] [on] voudrait nous convaincre que suspendre des rideaux ou faire la lessive est une activité humaine comparable à celles de suspendre des ponts ou de guérir des enfants de la polio (Saint-Martin 1964 : 1).

Par ailleurs, l'enquête dont Michelle Lasnier cite les résultats dans l'article « *Le Deuxième Sexe* c'est notre bible » révèle le rapport intime et privilégié des lectrices de *Châtelaine* avec l'essai. Elles en ont fait leur livre de chevet : « [...] nombre de femmes qui ont avoué avoir lu ce livre pour la première fois il y a dix, neuf ou huit ans [...] en relisaient des chapitres régulièrement » (Lasnier 1964 : 62). Bien qu'elles trouvent dans *Le Deuxième Sexe* matière à préciser leur réflexion sur la condition féminine, que ce soit concernant l'éducation des filles, l'autonomie financière et juridique, l'amour ou la maternité, les lectrices considèrent l'œuvre à titre exemplaire, à méditer dans son ensemble, davantage qu'elles n'en font un dogme : « [l'auteure] posait pour moi ce problème de la liberté – de son exercice – de cet abandon de la sécurité à tout prix », déclare une lectrice (*ibid.* : 64). *Le Deuxième Sexe* fait figure de « projection libérante[2] », il a ce mérite de nommer le malaise, de dédramatiser les situations individuelles par une mise en perspective de l'expérience commune des femmes :

> Ici [au Québec] être mère, épouse, c'est la gloire finale. Je ne me sentais pas la joie de cette « gloire », j'avais à cause de cela un sentiment de culpabilité. Voici que ce livre me dit que d'autres femmes tout à fait normales, ratent aussi l'extase maternelle et matrimoniale (*ibid.* : 62).

Les années 70 présentent une conjoncture sociale favorable, qui permet aux regroupements et à la critique féministe de se structurer. Après s'être principalement consacrées au projet national de modernisation, les Québécoises reconnaissent l'impératif d'une lutte spécifique aux femmes. Comme Beauvoir, elles sont entrées de plain-pied dans une ère de militantisme actif : nombre d'entre elles rejoignent les rangs de mouvements de femmes ou interviennent activement dans toutes les sphères de la vie publique. Naît alors une presse féministe, dont *La Vie en rose* qui, pour commémorer le 35e anniversaire du *Deuxième Sexe*, consacre, en 1984, un numéro à Simone de Beauvoir. Notons tout d'abord une entrevue avec l'auteure où Hélène Pedneault et Marie Sabourin choisissent de s'en tenir à l'actualité du propos beauvoirien : « [c]'est une femme d'action, son œuvre continue [...] c'est elle [...] et non son passé [...] qui nous intéresse [...]. Que vit-elle, que fait-elle et que pense-t-elle *maintenant*? », écrit Françoise Guénette dans l'éditorial du numéro (p. 3). Si les témoignages au ton fervent, comme celui de Denise Boucher, abondent – « Je vous aime Simone de Beauvoir. Vous êtes ma maîtresse à penser (p. 38) » – certaines mises au point des journalistes relèvent davantage d'un réexamen positif, voire d'une tentative de réhabilitation, que de la commémoration triomphante. On sent poindre au Québec l'esprit des lendemains qui déchantent. On se souvient qu'à la suite des années fortes du militantisme, la période des années 80 s'est plutôt caractérisée par un accroissement des services à la collectivité – centres d'hébergement, centres de santé ou services de garde – auxquels ont beaucoup travaillé les femmes. Rien de comparable avec les grandes manifestations des années 70. Le féminisme se fait plus discret, plus privé et cette tendance inquiète les militantes :

> Personnellement, je n'aurais pas pu me passer de Simone de Beauvoir [...] écrit Hélène Pedneault. Tout le monde n'est pas comme moi. (Pedneault 1984 : 26)   Mais comment se pratiquera-t-il ces prochains temps, ce féminisme [...] toujours menacé? (Guénette, p. 3)

De plus, des dissensions autour des positions beauvoiriennes, chez les partisanes d'un féminisme de la différence, lézardent le monument :

> [R]elire le *Deuxième Sexe* aujourd'hui, c'est retrouver les germes de presque tout ce que nous avons pu écrire [...]. Mais depuis j'ai essayé, écrit Nancy Huston, de saisir quelque chose de la *réalité* de cette femme [...]. Cela m'a ébranlée [...] ce que j'ai cherché à transcrire. Non pas pour « brûler mon idole » [...] mais pour tenter de la faire descendre, tout doucement, de son piédestal (Huston, p. 41).

Ici comme ailleurs, les réévaluations de la personne – désormais notoire – et de l'œuvre sont assez nombreuses. Et comme les opinions divergent quant aux retombées contemporaines du *Deuxième Sexe*, certains critiques s'empressent de récupérer les remises en question du mouvement féministe pour mieux s'en servir à leurs propres fins. En témoigne la critique de Jean-René Éthier sur la biographie de Claude Francis et Fernande Gontier :

> Le modèle a-t-il vraiment réussi? Le couple Sartre-de Beauvoir est fondé sur le célèbre pacte de la « transparence ». [...] il est à se demander si, en luttant avec une telle opiniâtreté pour se libérer de la condition séculaire de la femme [...] [Beauvoir] n'a pas tout simplement déplacé le champ magnétique de la soumission féminine (1986 : 80-81).

Paradoxalement, ces débats, qui convoquent les contradictions et les apories du *Deuxième Sexe* pour susciter des questions contemporaines, élaborent un véritable travail de réactualisation de l'essai. Le commentaire sur l'œuvre se spécialise et se raffine : entre les pôles anglo-saxon et français des théoriciennes, entre le féminisme égalitaire ou de la différence, l'américanité libérale et le socialisme d'inspiration européenne, tout se passe comme si les Québécoises tendaient au métissage de leurs influences.

Cette solidarité sans le consensus, cette cohésion par le rassemblement, la critique féminine et féministe saura encore la démontrer en 1986 à l'occasion du décès de Beauvoir. Mais, déjà, l'accueil réservé à la biographie de Claude Francis et Fernande Gontier avait laissé voir une critique savante préoccupée par la déprime post-référendaire québécoise, le néolibéralisme montant et un certain *backlash*. Aux États-Unis, Susan Faludi a observé et dénoncé, dans son livre *Backlash*, les moyens mis en œuvre pour tenter d'entraver la cause des femmes : propagande « néotraditionnelle », mensonges dans les médias, recul des lois (1993 : 477). Les Québécoises ont aussi ressenti les effets d'une offensive idéologique, plus diffuse, laissant croire, par exemple, que le féminisme était mort. Plusieurs femmes s'interrogeaient, dans les années 80, sur le prix des conquêtes du féminisme égalitaire. C'est sans doute ce qui a fait dire à Élène Cliche, dans le magazine *Spirale* : « Simone [...] est le miroir dans lequel les femmes se projettent [...]. Certaines [y] oublient leur propre aliénation, leur absence de conscience politique, leur défaitisme ou leur indifférence » (1986 : 13).

Quant à la grande presse, elle s'intéresse à la biographie de Beauvoir et constate le succès des *Mémoires* : d'infréquentable, l'auteure est devenue un modèle de réussite « bestsellarisé »; de subversive qu'elle était, la voilà médiatique : « [...] c'est une héroïne. On aime ou on n'aime pas, mais on admire » (Dubuc 1986 : E-8).

Dans la presse spécialisée comme dans les médias de masse, l'hommage à Simone de Beauvoir fait l'unanimité lors de son décès; Marie Cardinal écrit alors : « ses essais [...] resteront [...] des asiles où j'irai me ressourcer, reprendre haleine » (1986 : 19).

Témoignages de femmes : la mémoire change et représente

De ce complexe va-et-vient entre l'adhésion et le détachement, l'irrévérence et le respect, que restera-t-il, finalement, du *Deuxième Sexe* au Québec ? En nous tournant du côté des entrevues, nous chercherons d'abord à préciser un profil qui donne une idée de la façon dont certaines femmes ont pu vivre leur rapport au *Deuxième Sexe*. Nous avons interviewé douze intellectuelles qui se sont intéressées à Simone de Beauvoir. Œuvrant dans les milieux de l'éducation et de la culture, ces femmes forment trois générations : celles qui auraient pu lire l'essai lors de sa parution en 1949, celles qui l'ont découvert pendant l'âge d'or du féminisme, dans la mouvance des années 60-70, et enfin des jeunes femmes qui en ont pris connaissance dans les années 80-90. Lors d'entrevues ouvertes, nous leur avons posé des questions sur l'influence du *Deuxième Sexe* sur leur vie et leur génération, sur la personnalité et le retentissement de l'action de Simone de Beauvoir, sur ses positions au regard de plusieurs sujets comme la maternité, l'épanouissement des femmes, et sur l'engagement personnel que la lecture du livre a pu entraîner chez elles. Nous les avons enfin invitées à commenter des citations de Beauvoir et à parler du mouvement des femmes[3].

La première femme interviewée est une religieuse, enseignante qui a transmis à des milliers de jeunes filles du Collège des Ursulines de Québec le goût de la littérature. Elle ne croit pas que Simone de Beauvoir, philosophe existentialiste athée, ait eu beaucoup d'impact dans les années 50. « On s'est débrouillées sans elle, a-t-elle déclaré. On était assez "fines" pour s'être débattues sans son influence. On avait déjà commencé à réclamer notre liberté : le vote des femmes, l'éducation des filles, le progrès. Les Françaises étaient plus arriérées que nous. J'ai été élevée dans un milieu où ma mère était le grand patron sans que ça paraisse; nous avions des modèles. » Et l'entretien s'est terminé sur ce conseil : « ne vous mettez pas à ses genoux! »

Une autre professeure de littérature à la retraite a confirmé que *Le Deuxième Sexe* n'est pas tombé comme un pavé dans la mare au Québec et au Canada, même si, dans l'après-guerre, l'ordre moral ne concédait encore aux femmes qu'un rôle subalterne. En ces années lointaines, le féminisme explicite, déjà revendicateur d'une égalité de droits avec les hommes, était exercé par un petit nombre de femmes de la bourgeoisie qu'elle connaissait bien. « Ce n'étaient pas des intellectuelles, nous a-t-elle confié, et j'oserais presque affirmer que ni Thaïs Lacoste ni Thérèse Casgrain n'ont lu *Le Deuxième Sexe* au moment de sa parution, ni même après. Pour cette génération de suffragettes, il représentait une sorte de bible conférant une légitimité intellectuelle à leurs revendications et, comme la bible, il n'était à peu près pas lu. »

Une autre nous a raconté qu'elle a défié l'Index pour lire l'œuvre qui l'a par la suite inspirée dans son action auprès des femmes. L'Index jouait un grand rôle dans notre société catholique; il restait encore quelque chose de cette censure en 1959, lorsque l'émission de télévision « Premier Plan » consacrée à Simone de Beauvoir a été annulée au dernier moment. Un visionnement privé à l'archevêché de Montréal a fait conclure à la direction de Radio-Canada qu'il valait mieux ne pas diffuser cette émission réalisée à Paris. Elle ne fut finalement diffusée qu'en 1986, après la mort de l'écrivaine!

Mais pour les Québécoises de la première génération qui ont pu le lire, *Le Deuxième Sexe* était une référence : « le cadre théorique, la distinction entre "nature" et "culture", enfin l'affirmation de l'autonomie économique nous rejoignaient particulièrement », rappelle Guylaine[4], 67 ans, qui souligne par ailleurs que « l'on faisait d'emblée une lecture sélective du *Deuxième Sexe*. Certains aspects du livre échappaient [aux femmes d'ici] : Simone de Beauvoir n'était pas mariée, n'avait pas d'enfants et avait évité les tâches ménagères. Pour une partie de notre expérience de vie, elle ne nous était pas utile : il n'était pas rare d'avoir cinq enfants au Québec dans les années 50 ». Cependant, alors que la plupart des détracteurs de Beauvoir lui reprochaient son idéalisme et la sécheresse de son style, Guylaine, elle, appréciait son sens de la formule : « elle savait infliger des chocs salutaires, propices à la réflexion ; je me suis rappelé toute ma vie une sentence lapidaire sur les tâches domestiques, quelque chose comme "les travaux ménagers sont semblables à la loi de l'expansion des gaz ; ils tendent à occuper tout l'espace qu'on leur octroie" », ajoute-t-elle, avec un sourire en coin.

En définitive, nos répondantes de la première génération se sont senties peu interpellées par le rejet de l'institution du mariage et de la maternité que prônait Beauvoir. Guylaine, qui avait eu la chance à cette époque de séjourner « dans les vieux pays », s'expliquait les choix radicaux de Beauvoir par ses origines sociales. Selon elle, « la rigidité hiérarchique de la société française confinait les épouses et les mères de la bourgeoisie française à des fonctions réduites, même si en principe elles avaient eu avant nous accès à l'éducation et au monde professionnel ».

Une relative valorisation du rôle des femmes au Canada français expliquerait en partie la perplexité qu'inspirait le mode de vie de Simone de Beauvoir chez nos répondantes. Celles de la première génération ne voyaient pas en elle un modèle et elles ont toutes déclaré s'être plutôt inspirées de femmes plus proches d'elles, qu'il s'agisse de la syndicaliste Madeleine Parent, de Thérèse Casgrain, d'une mère, d'une tante ou d'une professeure. On constate que ces femmes, modèles positifs du féminisme réformiste, en amèneront plusieurs à penser qu'on peut aisément concilier vie de famille, vie professionnelle et revendications féministes. Guylaine souligne cependant que la vie de celles qui ont fait ce choix « comportait une part de sacrifice et de castration, car elles se devaient d'assumer le cumul de tous ces rôles sans le mentionner, avec comme exigence de prouver au travail qu'elles étaient aussi productives que des hommes ».

Paradoxalement, ce même renoncement de Beauvoir à la maternité a plutôt fait rêver les femmes de la génération suivante, celles qui ont maintenant 40 ans. « Je cherchais des livres de femmes qui avaient vécu des choses que je voulais vivre, comme écrire », disait Laure. « Simone de Beauvoir vivait à Paris (dans notre imaginaire, c'était extraordinaire), elle était une intellectuelle, une femme libre qui avait une vie sexuelle... » Pour Christiane également, « Simone de Beauvoir était une auteure célèbre, une figure mythique, mais surtout, un modèle d'indépendance. Son œuvre était comme une autorisation : tu n'es pas obligée de faire comme tout le monde ». Ce modèle, Beauvoir le demeure absolument : « et peut-être est-elle maintenant plus humaine et plus accessible parce que les mythes à son sujet sont tombés », conclut Christiane.

Les répondantes de cette génération, qui ont toujours connu la contraception, critiquent par contre la façon dont *Le Deuxième Sexe* parle du corps : « la grossesse y est une sorte de maladie, les menstruations sont épouvantables et la ménopause est pire », évoquent-elles. Dans la célèbre phrase « on ne naît pas femme, on le devient », elles voient non seulement la construction sociale de l'identité féminine, ce qu'elles trouvent très pertinent, mais elles observent que le mot « femme » y est péjoratif, synonyme d'asservissement. Elles ajoutent qu'il faut remettre ces propos en contexte, du moins dans nos sociétés occidentales où les femmes ont maintenant davantage de contrôle sur leur corps.

Si les répondantes de cette deuxième génération ont adhéré assez étroitement au modèle beauvoirien, elles considèrent maintenant avec un certain désenchantement les choix existentiels qu'impliquait ce féminisme de l'égalité. En ce qui concerne la vision beauvoirienne de la liberté sexuelle et de la maternité, Marielle affirme : « Plusieurs femmes de ma génération, qui ont parfaitement intégré ces vues, se retrouvent aujourd'hui sans enfant et le regrettent. Nous n'avons pas eu d'enfants parce que nous voulions être libres affectivement, sexuellement, économiquement [...]. Il y avait dans ce discours une absence de considération pour les dimensions de l'échange et du don chez les humains que l'on a confondus abusivement avec le cliché de la reproduction comme destin féminin obligé. » Christiane, quant à elle, se rappelle la déception qui a été la sienne lorsque le mythe du couple Beauvoir-Sartre a pris du plomb dans l'aile : « Ils représentaient pour moi le couple idéal, celui de deux partenaires sur un pied d'égalité, qui vivaient pour les mêmes combats. Quand on a pu constater que Sartre avait de fait plus profité de cette liberté que sa complice, ça a été difficile à prendre. »

Pourtant, avec le recul, la majorité des répondantes de la deuxième génération jugent exemplaire le parcours de pionnière de l'auteure du *Deuxième Sexe*. « Ce que je trouve très attirant chez elle, dira Laure, c'est son courage, cette manière qu'elle avait de se donner le droit de changer d'idée, d'évoluer. Il n'était pas rare de l'entendre déclarer "j'ai dit ça mais je me suis trompée", par exemple dans les années 70, lorsqu'elle a cessé de croire que la révolution socialiste allait suffire à libérer les femmes. » Notons cependant qu'à l'intérieur de cette génération, selon l'origine et le milieu, les motifs de dissension sont plus nombreux que les motifs d'adhésion. En témoigne le parcours politique de Marielle, d'origine française : « L'image de Simone de Beauvoir n'a pas évolué dans le bon sens en raison de mon travail sur l'Occupation française et les positions des intellectuels durant la guerre. Quand j'ai lu les *Mémoires*, j'ai décroché, [j'étais] complètement en désaccord avec cette attitude futile durant l'Occupation; la figure de la personnalité parisienne, nouvelle, s'est transformée en celle d'une femme issue de la grande bourgeoisie et qui vivait dans un milieu très protégé. » À l'inverse, pour Laure, c'est l'analyse revisitée de la femme des *Mémoires* qui lui a permis de mieux comprendre et concilier le personnage public avec l'auteure emblématique : « De quinze à vingt ans, je cherchais des femmes parfaites, je ne voulais pas voir les failles. En vieillissant, je me suis rendu compte que tout le monde a les mêmes problèmes, que ce sont des problèmes au féminin pluriel. Je trouve très instructif de considérer ces contradictions d'époque en regard des nôtres. »

Les destins d'une œuvre ouverte

Qu'en est-il de la lecture des plus jeunes? D'après Laure, la postérité de l'essai est assurée auprès de certaines jeunes filles de la génération montante : « J'ai fait lire, dans mes cours, l'introduction du *Deuxième Sexe*; mes étudiantes ont réagi de manière très enthousiaste. Plusieurs ont été frappées au point de l'utiliser dans leurs travaux, c'est d'ailleurs le seul texte théorique du corpus féministe qu'elles citent. C'est une œuvre qui va perdurer. »

Guylaine, elle, ne pense pas que *Le Deuxième Sexe* puisse interpeller ses filles, sauf pour l'histoire : « Leur féminisme est plus subtil que le nôtre; il se situe à l'intérieur de la sphère privée. La lutte pour la survie quotidienne empêche la disponibilité pour l'action politique. Les jeunes gagnent leur croûte d'une pige à l'autre, et celles qui ont des enfants travaillent de six heures du matin jusqu'à minuit.» Contrairement aux filles de Guylaine, les trois jeunes femmes que nous avons interviewées ont toutes lu *Le Deuxième Sexe*... deux fois! Si elles n'y trouvent pas nécessairement des solutions aux problèmes actuels, elles disent se sentir mieux dans leur peau, en tant que femmes, grâce à la réflexion suscitée par cette « œuvre révolutionnaire » et aussi grâce à l'immense travail accompli par leurs aînées féministes. Kim pardonne à Simone de Beauvoir quelques réflexions qu'elle juge masculinistes alors qu'elle aurait souhaité lire davantage sur la construction du féminin ou la reconnaissance d'une différence sexuelle féconde. « Pour moi, *Le Deuxième Sexe* semble avoir été écrit pour un public masculin, clé de l'universel, auprès duquel il faudrait justifier la condition et la médiocrité des pauvres femmes », ironise-t-elle. Toutes trois se refusent à juger de la pertinence du *Deuxième Sexe* au regard de la vie de Beauvoir. La distance historique qui les sépare d'avec la vie et l'œuvre de l'auteure fait en sorte qu'elles historicisent le discours beauvoirien. « Je ne vois pas pourquoi je lui ferais un procès d'intention, s'exclame Alexandra, 19 ans. À ce titre, il y aurait de nombreux auteurs masculins que j'admire mais que je devrais détester. »

Toutes trois s'inquiètent par ailleurs de la conscience féministe des jeunes femmes de leur génération. Alexandra déplore le fait que le féminisme soit, dans nos sociétés, trop souvent associé à « radicalisme » ou à « passéisme ». « On oublie ce que les femmes qui nous précèdent ont accompli, on tient pour acquis les gains et les réalisations qui en résultent », remarque-t-elle. « Quand j'entends une fille de mon âge affirmer qu'elle n'est pas féministe, ça me fait mal, renchérit Françoise, je ne vois pas pourquoi certaines prétendent qu'on peut désormais se passer des revendications féministes quand on constate ce qui reste à faire ici comme dans le reste du monde. Je souhaiterais que nous ayons davantage confiance en nous-mêmes et que nous cessions de nous culpabiliser. » À son tour, Kim constate l'apathie politique de notre société actuelle. « Sur le plan des revendications féministes, il n'existe plus pour ma génération de grand récit unificateur, de parole rassembleuse, comme celle que *Le Deuxième Sexe* savait susciter. Désormais, les femmes effectuent plutôt des changements de l'intérieur, dans le couple, par exemple. Ce qui est fort bien, ajoute-t-elle, mais comme on le sait, concrètement, on n'obtient rien pour le collectif dans le privé; je crois qu'on entre dans une ère de très, très longue haleine. »

Françoise constate que nous sommes arrivées à une égalité de droits, mais pas de fait, résultat de siècles de domination auxquels on ne peut pas encore se soustraire, un peu comme des femmes violentées après des années de contrôle par leurs conjoints. Elle juge prématuré de considérer *Le Deuxième Sexe* comme dépassé et espère que ses filles, petites-filles et arrière-petites-filles le liront, car il y aura encore là quelque chose pour elles : « une profondeur capitale pour pouvoir regarder autour de nous et après nous ».

Pour conclure, spécifions qu'il est malheureusement impossible de couvrir ici toutes les pistes de réflexion ébauchées par nos répondantes. Précisons toutefois que, si celles-ci divergeaient d'opinion sur bien des points en raison de leurs situations et expériences différentes, certains constats ont fait l'unanimité. Toutes générations confondues, elles reprochent au *Deuxième Sexe* de sous-estimer la contribution historique des femmes, tout comme la valeur de leur travail dans la vie privée.

Mais elles s'accordent à reconnaître un caractère emblématique à cet essai, qui a joué un rôle d'autorisation exemplaire pour le mouvement féministe. Parce qu'il a présenté les femmes comme des êtres autosuffisants, il a été le précurseur des mouvements féministes des années 60-70.

Par-delà les différences intergénérationnelles, c'est cette perception d'antécédence qui caractérise le mieux les rapports des répondantes au *Deuxième Sexe*[5]. À cet accueil de l'œuvre comme un ouvrage historique capital pour témoigner du destin des femmes s'ajoute une forte volonté de transmission de l'essai. La nécessité de préserver les acquis s'accompagne d'un important « devoir de mémoire », selon l'expression de Christine Delphy.

Quant à l'attitude de la presse écrite face à l'œuvre, nous pouvons dire qu'en dépit d'un contexte d'abord hostile, l'œuvre a pu devenir une référence capitale pour les Québécoises des années 60. Novatrice, elle est ensuite chaleureusement accueillie par le féminisme en ébullition des années 70. Si elle connaît un moment de défaveur dans les années 80, beaucoup de jeunes continuent de s'appuyer sur les écrits de Simone de Beauvoir pour « réagir au coup par coup et rester sur la brèche » (Lamy 1986 : 22).

En fouillant dans les interstices du discours historique et mémoriel, cette recherche aura démontré que, malgré les clivages et les débats, les Québécoises considèrent *Le Deuxième Sexe* non seulement comme un texte fondateur mais comme un héritage vivant.

Notes

1. Entrevue accordée en octobre 1998. Mentionnons que le premier numéro de l'hebdomadaire *l'Observateur* paraît le 13 avril 1950. Durant la guerre d'Algérie, *l'Observateur* devient *le France-Observateur*. *Le Nouvel Observateur* naît à la fin de l'année 1964, alors que *le France-Observateu*r, en difficulté, est repris par une nouvelle équipe, issue de *l'Express*.

2. Nous reconnaissons volontiers notre allusion au manifeste du *Refus global*.

3. Nous remercions Jacques Lemieux, professeur au département des Communications et membre du Centre de recherche en littérature québécoise (CRELIQ) de l'Université Laval, pour ses précieux conseils concernant l'organisation des entrevues.

4. Pour des raisons de confidentialité, les prénoms sont fictifs.

5. Nous avons aussi cherché à savoir si l'œuvre romanesque et les *Mémoires* avaient amené nos répondantes à la lecture du *Deuxième Sexe* : elles ont insisté pour conférer à l'essai un statut « à part », au-delà du contexte de lecture et des catégories littéraires.

LA DOUBLE POSTÉRITÉ DU *DEUXIÈME SEXE*

DIANE LAMOUREUX

> Malgré l'héritage de Beauvoir comme guide et comme gourou et malgré la légende faisant du *Deuxième Sexe* la « bible » du féminisme américain, leur impact sur le mouvement féministe aux États-Unis a été plutôt mince. Tout comme la bible, *Le Deuxième Sexe* semble avoir été beaucoup vénéré, souvent cité mais peu lu (Dietz 1992 : 78).

> Dans la nuit où nous étions plongées en ces années 50 et 60, avant la naissance du nouveau Mouvement des femmes, ce livre a été comme une espèce de code secret que nous, les femmes en voie d'éveil, nous transmettions de l'une à l'autre. Et la personne de Simone de Beauvoir, la somme de sa vie et de son œuvre, était – et demeure – un symbole (Schwartzer 1984 : 11).

Essayer d'évaluer l'impact du *Deuxième Sexe* sur le féminisme québécois des années 70 est une entreprise un peu périlleuse, d'autant plus qu'il me semble de plus en plus pertinent d'envisager le féminisme de cette époque sous un double prisme : d'une part, un féminisme radical, fortement influencé par ce qui se passait aux États-Unis et, plus tard, en France, se situant dans l'aire de la gauche nationaliste, contestataire et extraparlementaire; de l'autre, un féminisme plus institutionnel se réclamant de l'héritage du mouvement suffragiste, voulant instaurer l'égalité entre les sexes et se situant dans la logique de la modernisation qui a accompagné la Révolution tranquille.

D'une certaine façon, ces deux courants se sont réclamés de Simone de Beauvoir et du *Deuxième Sexe*, sans impérialisme ni annexionnisme. Le caractère de l'œuvre permettait des interprétations extrêmement diverses parce que, tout compte fait, *Le Deuxième Sexe* constitue moins un programme militant en faveur de la libération des femmes, quoique les cinquante dernières pages de l'ouvrage abordent cette thématique, qu'une analyse détaillée de l'oppression. Or, sur ce thème, radicales et réformistes[1] peuvent se rejoindre, tout en divergeant sur l'ampleur, la profondeur et les implications de cette oppression et, partant, sur les façons de la combattre.

Pour celles qui ont fondé la Fédération des femmes du Québec, ou celles qui ont travaillé dans les équipes de recherche de la Commission Bird ou à la production du rapport *Pour les Québécoises : égalité et indépendance* du Conseil du statut de la femme, *Le Deuxième Sexe* constitue souvent le point de départ de leur engagement féministe. La lecture de cet ouvrage s'est souvent effectuée à la fin des années 50[2], en dehors de toute exigence militante. La leçon fondamentale qu'elles en tirent est celle de la construction sociale des rôles sociaux de sexe, le fameux « on ne naît pas femme, on le devient » et elles s'en servent pour proposer une autre façon d'éduquer les filles et de concevoir les institutions sociales afin que les femmes ne soient plus confinées au rôle d'épouse et de mère. Pour elles, l'émancipation des femmes allait résulter de droits égaux (ce qui est une thématique largement négligée chez Beauvoir), de l'accès au travail salarié et du contrôle de la fécondité. Leur féminisme met l'accent sur l'égalité entre les sexes et réitère la dissociation entre sexe et genre, le sexe relevant du biologique tandis que le genre relève de la société. Mais, tout en tenant compte de la postérité réformiste de Beauvoir, je consacrerai l'essentiel de cette réflexion à l'impact de Beauvoir sur le féminisme radical.

Pour les féministes radicales, celles qui fonderont le Front de libération des femmes (FLF) ou le Centre des femmes, celles qui seront à l'origine du Théâtre des cuisines, du Comité de lutte pour le droit à l'avortement libre et gratuit ou du Centre de santé des femmes, celles qui animeront des revues et des lieux d'idées aussi différents que les Éditions du remue-ménage, la Librairie des femmes d'ici, *Les Têtes de pioche*, *Plurielles/Des luttes et des rires de femmes*, ce qui les intéresse d'abord dans *Le Deuxième Sexe*, c'est le lien entre l'émancipation des femmes et transformation de l'ensemble des structures sociales, l'importance du contrôle de la fécondité qui ne doit pas se payer du prix de l'abstinence hétérosexuelle et l'insistance sur l'autonomie des femmes. Pour elles, plus qu'un manifeste en faveur de l'égalité des sexes, *Le Deuxième Sexe* est fondamentalement un plaidoyer pour la libération et la liberté, un élément trop précieux pour être abandonné au libéralisme. Il s'agit que les femmes deviennent elles-mêmes et explorent ainsi de nouveaux horizons.

Il me semble que cette double postérité de Beauvoir soit due à la nature même de ce qui est traité dans *Le Deuxième Sexe*. Comme il est dit dès le début de l'ouvrage, il s'agit moins de féminisme, que de la fameuse « querelle des femmes ». D'emblée, la question est posée : le projet que se fixe Beauvoir n'est pas d'explorer le féminisme que de cerner « la femme » telle qu'elle a été constituée en objet par la réflexion occidentale. « La querelle du féminisme a fait couler assez d'encre, à présent elle est à peu près close : n'en parlons plus » (Beauvoir 1949, I : 11), ce qui explique que Beauvoir elle-même parle de son ouvrage comme d'un féminisme d'avant le mouvement et qu'elle ait même songé, sans toutefois passer à l'acte, à compléter *Le Deuxième Sexe* par une réflexion sur le féminisme[3].

On pourrait même aller plus loin. Dans une large mesure et sans jeu de mots, la posture de Beauvoir écrivant *Le Deuxième Sexe* est à peu près la suivante : la femme, c'est les autres, elle-même estimant avoir largement échappé à la condition féminine qu'elle décrit. « Moi, je suis plus ou moins habituée à vivre dans ce monde où les hommes sont ce qu'ils sont : des oppresseurs. Moi-même, je n'en ai pas trop souffert » (Schwartzer 1984 : 72). La position des féministes des années 70 est tout autre, ce sont des parias qui se posent comme rebelles, qui s'identifient aux femmes pour pouvoir mieux combattre l'oppression que subissent individuellement et collectivement toutes les femmes. « J'étais la femme exceptionnelle et je l'ai accepté. Les féministes aujourd'hui refusent d'être des femmes-alibis, comme je l'étais » (Schwartzer 1984 : 72).

Ainsi donc, pour tenter de comprendre l'impact de Beauvoir, nous devons continuellement fonctionner sur deux tableaux. D'une part, l'œuvre, qui a sa vie propre, sujette à interprétation, réévaluation, objet de diverses lectures et qui vit et survit, se transmet à travers ses lectures successives. D'autre part, la personne dans la double acception d'individualité et de *persona* : car Beauvoir intervient dans le mouvement, choisit et désigne ses héritières, en change parfois, mais elle est devenue également une *persona*, un rôle qu'elle joue et qui la joue. Contrairement à Wollstonecraft, par exemple, elle est là et non seulement l'héritage n'est pas sans testament mais demeure soumis à une redéfinition constante.

Le rapport problématique avec une théorie d'« avant le mouvement »

À ce titre, Beauvoir devient l'ombre et le Surmoi, présente, mais passée sous silence. Elle est celle qu'on cherche à émuler mais avec laquelle il est difficile de discuter, ne serait-ce que parce qu'elle est susceptible de répondre et que rien n'assure que la sororité viendra à bout de l'ironie parfois mordante et du sens de la formule. C'est pourquoi elle semble avoir laissé si peu de traces. De traces écrites, il n'y en a guère. Regardons un peu ce qui se passe dans les deux pays où la réflexion politique québécoise a l'habitude de puiser ses référents, les USA et la France.

Aux États-Unis, elle est là, sans toutefois apparaître vraiment, dans la trame du texte plutôt que dans son énonciation. Prenons d'abord les anthologies, celles qui donnent le pouls du mouvement, celles qui tentent d'en saisir la dimension et d'en tracer les contours. Que ce soit dans *Sisterhood is Powerful* ou dans *Radical Feminism*, on la chercherait nommément en vain. On ne l'aperçoit, le temps d'un bref tour de piste, que dans *Women in Sexist Society* et encore, de façon paradoxale, dans un texte de Chodorow (1972).

Qu'en est-il maintenant du trio des sopranos du féminisme radical américain des années 70? Firestone lui dédie son livre et se fait d'ailleurs introniser héritière au sens plein du terme, à savoir celle qui a poursuivi et augmenté l'œuvre, puisque tout son livre est construit autour de l'idée que c'est dans la maternité que se noue l'oppression des femmes et qu'une véritable libération des femmes passe par la libération des femmes et des enfants. Millett reprend sa façon de montrer comment la littérature façonne l'image des femmes. Certes, il ne s'agit plus de Montherlant, de Lawrence, de Claudel, de Breton ou de Stendhal, mais Lawrence revient, cette fois-ci en compagnie de Miller, Mailer et Genet (Millett 1970). Quant à Ti-Grace Atkinson, elle en fait « l'ouvrage définitif sur la question des femmes » (Atkinson 1970 : 46). La place et le statut du *Deuxième Sexe* relèvent de l'ouvrage canonique, un classique, dont la pertinence n'est pas remise en cause quoique le mode d'emploi laisse à désirer.

Même chose chez les Françaises. En outre, Beauvoir ne se contente pas de surplomber : elle accompagne, choisit, critique, intervient. Bref, elle a le malheur d'être vivante et de concentrer quelques rejets. « Le féminisme d'avant le mouvement » qu'elle incarne n'y est pas complètement étranger. L'enquête de Rodgers est, à cet égard significative : on s'en réclame mais c'est un souvenir de famille pas mal encombrant, sauf pour le courant Psych et po qui s'en dissocie totalement. Michèle Le Doeuff, qui a probablement signé l'analyse la plus importante du *Deuxième Sexe* dans l'univers intellectuel francophone (LeDoeuff 1989), résume bien, dans l'entrevue qu'elle accorde à Rodgers (1998), la double réticence des féministes françaises par rapport à Beauvoir, l'antécédence et l'intellectualisme.

L'antécédence relevait du fait d'avoir une personnalité publique avant le féminisme. Cela créait problème dans le cadre d'une compréhension de la sororité comme horizontalité (nous sommes toutes nées politiquement avec la résurgence du MLF) mais aussi comme équivalent féminin/féministe de la fraternité. Tout comme la fraternité citoyenne moderne repose sur la mise à mort symbolique ou réelle de la figure du patriarche (père), le féminisme présuppose une mise à mort de la mère, à la fois sur le mode du refus des modèles féminins de la génération antérieure mais aussi comme assimilation de tout rapport de préséance à la figure maternelle et plus précisément à la « mauvaise mère ». Même à ce titre, Beauvoir est problématique dans la mesure où, du fait de son refus catégorique de la maternité biologique, elle se laisse difficilement placer dans la posture de la mère.

L'anti-intellectualisme est d'une autre nature. Si le mouvement des femmes existe aujourd'hui sur le mode d'une pratique qui se déploie sur toutes sortes de terrains et d'une théorie qui prend largement la forme du savoir savant des centres de recherche ou de l'université, le mouvement féministe des années 70 a voulu repenser le rapport théorie/pratique sur un autre registre. Plus particulièrement, il se refusait au découpage entre la théorie et la pratique, soutenant que le fait de savoir qu'il y a oppression ne permet d'en comprendre ni l'ampleur, ni la profondeur, ni la diversité et que, par conséquent, toute théorie de l'oppression des femmes doit se constituer dans le mouvement même de la lutte contre cette oppression. Dans ce contexte, celles qui faisaient de la réflexion une profession étaient soit tenues en suspicion, soit sommées de mettre la main à la pâte de la pratique. Là encore, Beauvoir posait problème : on ne peut l'accuser de se défiler lorsqu'il s'agit d'agir, mais elle agit continuellement comme intellectuelle.

De plus, il faut rappeler qu'au début des années 70 l'existentialisme comme théorie de la contestation sociale relevait d'une autre époque. L'expérience « fondatrice » des Françaises, c'était mai 68, celle des Américaines, l'opposition à la guerre du Vietnam et celle des Québécoises, le mouvement contre le *bill* 63[4]. Ces expériences se lisaient soit à travers la grille du marxisme, soit à travers le prisme des droits civiques, soit à travers le nationalisme radical. Dans ce contexte, l'existentialisme est largement mis de côté et son langage n'est plus celui dans lequel se pense la contestation sociale puisqu'il est essentiellement celui de la révolte individuelle. Dans l'univers francophone, du fait de la « révolution structuraliste » et de son décret de la « mort de l'homme », avec ses vedettes comme Lacan, Derrida, Foucault, Barthes ou Althusser, Sartre faisait figure de ringard qui essayait de rester dans le coup sans jamais toutefois y parvenir.

Une référence par défaut

Avant d'entrer dans le vif du sujet, il est important de mentionner que le matériel sur lequel je peux m'appuyer pour soutenir mon propos est assez ténu. Un petit passage dans O'Leary et Toupin (1982) sur les lectures des membres du Front de libération des femmes et une entrevue dans un dossier de *La Vie en rose* de mars 1984. J'ai compulsé les journaux féministes des années 1970, mais je n'y ai trouvé aucune citation de Beauvoir. J'ai complété cette recherche par quelques consultations ponctuelles, liées à des contacts personnels avec certaines « anciennes » du FLF.

Voici le maigre résultat de ces recherches documentaires : aucune citation dans *Québécoises deboutte!*, quoique Beauvoir y soit parfois mentionnée; rien dans *Les Têtes de pioche,* qui se réclame pourtant du féminisme radical mais dont les références sont essentiellement américaines; rien, non plus, dans *Des luttes et des rires de femmes*. De la même façon, elle n'a été choisie comme « héroïne » pour aucune des conférences présentées au Théâtre expérimental des femmes[5].

Mais le côté ténu de la référence est en lui même éloquent. On pourrait presque parler d'une présence/absence de Beauvoir dans la réflexion féministe québécoise. Elle est là, sans qu'on sache trop bien ce qu'on peut en faire, mais sans pour autant la dénigrer. Si elle répond mal aux préoccupations militantes, elle fournit un cadre général pour penser le féminisme comme « libération » des femmes et il ne faudrait pas négliger l'importance de la pensée libérationniste dans un féminisme qui envisage son action dans le cadre d'une réflexion sur l'émancipation nationale québécoise.

Toupin et O'Leary regroupent les « lectures » des femmes du FLF en quatre sections : d'abord la littérature de la décolonisation (Vallières, Fanon, Memmi), ensuite des « textes historiques » (Beauvoir, Friedan, Engels), puis les productions américaines récentes (pour celles qui lisaient l'anglais) et les textes de la revue *Partisans*[6]. Dans cette séquence, le texte beauvoirien est ramené au statut de texte classique et est, à ce titre, distingué de la théorie américaine récente ou même de ce qui s'élabore en France.

En outre, dans un bilan interne datant de septembre 1970, on mentionnait que seuls les textes de Beauvoir et d'Engels étaient accessibles aux francophones, ce qui expliquait leur mince bagage théorique[7], et, dans les bulletins de liaison du FLF, Engels est cité mais jamais Beauvoir. Elle est également absente du seul numéro de *Québécoises deboutte!* publié par le FLF. Pourquoi cette préférence marquée pour Engels? Cela s'explique largement par le contexte : on assiste à cette époque à une « marxisation » du nationalisme radical et les militantes du FLF doivent convaincre de leur sincérité révolutionnaire; elles doivent ainsi faire la preuve que la libération des femmes s'inscrit dans « la cause », qu'elle figurait au fondement du marxisme et qu'elle ne constitue donc pas un dévoiement de l'énergie révolutionnaire.

« Simone de Beauvoir par défaut », c'est également ce qu'on retrouve dans le *Manifeste des femmes québécoises* publié en 1971 par des femmes proches du FLF. Soulignant le manque d'instruments théoriques pour penser l'oppression des femmes, ces militantes comparaient l'outillage des révolutionnaires québécois masculins avec celui des féministes. « Mais au moins, ils ont *Nègres Blancs d'Amérique, le Petit manuel d'histoire du Québec, etc...* Nous, nous n'avions rien. Sauf peut-être la Commission royale d'enquête sur la situation de la femme au Canada et Simone de Beauvoir! » (1971 : 23). Cette citation appelle au moins deux remarques : d'abord, on voit bien ce qui est considéré comme une référence théorique pour ces militantes, c'est un outil immédiat pour donner sens à l'action; ensuite, le rapprochement entre Beauvoir et le rapport de la Commission Bird est intriguant. À mon avis, il faut y voir une lecture de Beauvoir qui limite son utilité à une compréhension historique de l'oppression des femmes.

Si l'on examine le rapport de la Commission Bird, son propos est de montrer qu'il existe dans la société canadienne des discriminations injustifiées à l'égard des femmes. C'est ainsi qu'il examine divers aspects de la vie des femmes et qu'il démontre à la fois qu'il n'est pas indifférent d'être un homme ou une femme et que les différences entre les sexes qui sont constatées ne sont pas justifiables en regard des valeurs d'égalité humaine qui seraient celles de la société canadienne. Après avoir identifié les problèmes, le rapport esquisse des solutions et prévoit un appareil gouvernemental (des conseils consultatifs aux plans fédéral et provincial) pour veiller à la mise en œuvre des recommandations qui seront retenues par le législateur.

Le rapprochement que fait le FLF entre *Le Deuxième Sexe* et le rapport de la Commission Bird nous montre ce qui intéressait ces militantes et ce qu'elles ont cherché à puiser chez Beauvoir. Il me semble que deux aspects les ont intéressées : l'analyse de l'origine de l'oppression et surtout la nomenclature de ses manifestations. L'aspect plus philosophique du texte beauvoirien, sans nécessairement leur échapper, était plus difficile à traduire en revendications concrètes et a donc été largement mis de côté.

Si l'on regarde maintenant les textes qui se sont intéressés à l'histoire du féminisme québécois durant cette période, on n'y retrouve pas vraiment de mention de Simone de Beauvoir. Les analyses historiques s'attardent essentiellement à mettre au jour les organisations et leur action, n'accordant pas d'attention aux sources idéologiques du mouvement (Clio 1992 et Lanctôt 1980). Quant aux textes qui s'intéressent aux idées du mouvement (De Sève 1985 et Lamoureux 1986), ils insistent essentiellement sur le caractère novateur du mouvement féministe et de sa compréhension du politique, négligeant quelque peu la « tradition » dont ils peuvent se réclamer.

Deux textes me paraissent procéder à une évaluation sérieuse de Beauvoir durant cette période. D'abord, celui de Colette Carisse (1975), qui cite, en l'approuvant, Beauvoir en ce qui concerne l'accès des femmes à la sphère du travail rémunéré et en ce qui a trait à une certaine volonté d'individuation. On peut interpréter la référence à Beauvoir dans deux sens au moins. D'abord, l'analyse de Carisse se rattache à l'importance de Beauvoir pour qui s'intéresse à la socialisation féminine et peut donc se rapprocher de l'utilisation qui en est faite dans le secteur plus réformiste et institutionnel du féminisme québécois. Ensuite, il s'agit de montrer le sérieux « académique » du propos, ce qui confirme encore le statut de référence classique de Beauvoir.

D'un autre ordre me semble celui que fait paraître Nicole Laurin-Frenette (1977) d'abord publié dans la livraison de 1974 de la revue *Socialisme québécois*. Venant au quatrième rang dans la liste des interprétations possibles de l'oppression des femmes, après Engels, Reich et l'expérience du « socialisme réel » et cantonnée à une perspective existentialiste, la position de Beauvoir y est d'emblée rejetée comme « individualiste et petite-bourgeoise » (Laurin-Frenette 1977 : 206). Malgré ce congédiement un peu rapide, Laurin-Frenette lui confère quand même une place lorsqu'il s'agit de penser et l'oppression des femmes et la libération. Mais ce qui l'irrite, c'est que le chapitre consacré à la libération dans *Le Deuxième Sexe* ne préconise pas un mouvement de libération des femmes mais préconise des moyens individuels qui, dans une large mesure, ne sont accessibles qu'aux femmes pouvant faire une carrière autonome, que ce soit dans le domaine des arts, des lettres ou des professions libérales.

Quant à l'entrevue de *La Vie en rose*, elle porte sur l'implication de Beauvoir dans le féminisme français, l'actualité féministe (avortement, violence, travail ménager), les œuvres littéraires ou autobiographiques et *Le Deuxième Sexe* n'y occupe qu'une portion congrue. Ce qui est en jeu c'est le personnage Beauvoir et son impact plus personnel qu'intellectuel pour des féministes. Ce qui est en jeu, ce n'est pas le débat d'idées mais le rapport avec un *role model* vivant.

Des récurrences thématiques

Une fois mis de côté ce repérage, on peut discerner deux convergences fondamentales entre le projet beauvoirien et celui des féministes radicales des années 70 : d'abord, une volonté de remonter aux racines de l'oppression des femmes; ensuite, la volonté de promouvoir l'autonomie des femmes.

On peut sentir, chez les radicales, celles qui veulent prendre les choses à la racine, une volonté de débusquer la source de l'oppression des femmes. Dans ce domaine, Beauvoir et Engels sont largement mis à profit; le tome 1 du *Deuxième Sexe*, mais aussi Engels, souvent relu par Evelyn Reed. Que cherche-t-on à cet égard chez Beauvoir et que peut-on y trouver?

D'abord, il y a l'idée que l'opposition hommes/ femmes est à la fois une construction sociale et un rapport de pouvoir. À cet égard, elle énonce deux idées importantes dans *Le Deuxième Sexe* : d'une part, elle insiste sur l'altérité subalterne des femmes, «[e]lle se détermine et se différencie par rapport à l'homme et non celui-ci par rapport à elle; elle est l'inessentiel en face de l'essentiel. Il est le Sujet, il est l'Absolu : elle est l'Autre » (tome I : 15); d'autre part, elle compare la situation des femmes à celle des prolétaires.

Ensuite, Beauvoir insiste sur une nécessaire prise de conscience collective pour que les femmes cessent de ne constituer qu'un groupe en soi et commencent à devenir un groupe pour soi. Certes, dans *Le Deuxième Sexe*, la possibilité n'est évoquée que négativement : ce qui expliquerait la sujétion des femmes, « [c]'est qu'elles n'ont pas les moyens de se rassembler en une unité qui se poserait en s'opposant » (*ibid.* : 19). Mais le féminisme des années 70 pense avoir les moyens d'y parvenir.

Enfin, toute la partie du *Deuxième Sexe* qui porte sur le destin a largement servi à nourrir les réflexions critiques du féminisme par rapport au déterminisme biologique. Elle a également servi à étayer les critiques vis-à-vis de la psychanalyse, principalement sur l'androcentrisme des théories freudiennes. « Les deux reproches essentiels que l'on peut adresser à cette description [du complexe d'Électre] viennent du fait que Freud l'a calquée sur un modèle masculin. Il suppose que la femme se sent un homme mutilé » (*ibid.* : 82). Finalement, elle opère une critique des insuffisances du marxisme, soulignant, dans un premier temps, qu'« il est impossible de *déduire* de la propriété privée l'oppression de la femme » (*ibid.* : 101) et affirmant, plus fondamentalement, « qu'on ne saurait sans mauvaise foi considérer la femme uniquement comme une travailleuse ; autant que sa capacité productrice, sa fonction de reproductrice est importante, tant dans l'économie sociale que dans la vie individuelle » (*ibid.* : 103).

On voit donc s'esquisser, dans *Le Deuxième Sexe*, une partie du programme théorique du féminisme des années 70. Il faudra d'abord analyser la situation des femmes comme en étant une d'oppression socialement construite, ce qui implique qu'elle puisse être socialement révoquée. Pour y parvenir, les femmes devront se constituer en mouvement social dont le fondement repose sur la généralisation de l'oppression des femmes. Par ailleurs, elles devront forger leur propre langage théorique pour fixer le programme de la libération et ne soumettre leur lutte à aucune autre.

Ce qui nous amène à la deuxième convergence, l'insistance sur l'autonomie des femmes. Certes, le projet n'est pas, comme chez Beauvoir, de faire de chacune une singulière (ce serait sûrement taxé d'individualisme petit-bourgeois dans le langage de l'époque), mais plutôt d'insister sur l'autonomie du féminisme comme mouvement politique. Cependant, il est des modalités de l'autonomie communes : les femmes doivent se penser comme des êtres complets, sans lier leur complétude à ces appendices que sont le mari et les enfants. C'est à cette condition de complétude que la réciprocité entre les sexes peut, selon Beauvoir, devenir réalité.

Il est également possible d'identifier deux thématiques très présentes dans *Le Deuxième Sexe* et qui vont inspirer l'action des féministes radicales. La première est bien évidemment l'importance du droit à la contraception et à l'avortement. La seconde est la critique des modèles sociaux de la féminité.

La lutte pour le droit à l'avortement est certainement ce qui passera à la postérité concernant la dernière vague féministe, un peu à la manière dont le droit de vote est resté accolé à la première vague. Les féministes radicales, dès leur émergence, ont été très activement impliquées à cet égard. Dans un contexte de révolution hétérosexuelle, le droit à l'avortement et à une contraception qui relève des femmes est en effet essentiel pour qui veut dissocier hétérosexualité et procréation et donner aux femmes une liberté d'expérimentation sexuelle comparable à celle des hommes. Certes, sur la libération sexuelle, Reich a meilleure presse que Beauvoir, mais sur l'avortement elle est incollable.

Elle en fait un vecteur de la liberté des femmes, pas simplement sous l'angle de l'expérimentation sexuelle mais également sous celui de l'autonomie morale, soulignant que « la fonction reproductrice n'est plus commandée par le seul hasard biologique, elle est contrôlée par des volontés » (tome II : 330). Le problème fondamental, c'est que la volonté des femmes est niée dans le processus puisque les volontés qui encadrent la reproduction sont l'État et l'Église. Tout comme le slogan féministe « nous aurons les enfants que nous voulons », Beauvoir insiste sur la nécessité de faire reposer sur la volonté des femmes le choix en la matière.

L'autre thématique clé dans *Le Deuxième Sexe* est le fameux « on ne naît pas femme, on le devient » (*ibid.* : 13). Dans le discours des radicales, cela s'est développé sur les registres suivants. D'abord, le refus d'endosser le rôle de leurs mères (souvent la première génération de femmes urbaines ménagères à temps plein), par le biais des études, du travail et de la non-maternité. Ensuite, la volonté de dénoncer la fabrication sociale du féminin par la critique des « salons de la femme », des industries de la mode et de la beauté. Enfin, par la transgression dans le style d'action politique : celle-ci y est vue largement sous l'angle de la symbolique et du théâtre, ce qui n'est pas sans trouver un écho dans le langage de la « performance » et de la théâtralisation des féministes postmodernes ou des courants *queer* contemporains. Ce qui est intéressant, c'est que les féministes radicales ne proposent pas de modèle alternatif de la féminité mais en font un champ ouvert.

Cet éclatement du champ de la féminité, on peut le voir dans le passage de « la femme » à « les femmes » mais il faudra attendre les années 80 et 90, avec l'insistance sur les politiques de coalition et la prise en compte de la diversité sociale parmi les femmes, pour que ses implications déconstructionnistes apparaissent encore plus clairement. Toutefois, dès les débuts du féminisme radical, l'idée que toutes les femmes seraient pareilles et donc réductibles à la même est rejetée. Signer « des femmes », insister pour pluraliser le vocable, c'est chercher à élargir le champ des possibles et à ne pas inscrire le féminin dans de nouveaux ghettos. Pourtant, le carcan du féminin pèsera très lourd sur le féminisme, même si la coiffure, le maquillage et les enfants ont pu être remplacés par d'autres préoccupations comme l'avortement, les métiers non traditionnels ou les femmes battues.

Il importe de prendre toute la mesure de cette pluralisation des femmes. Le langage utilisé dans *Le Deuxième Sexe* est celui du singulier (« la femme », « la lesbienne », etc.), ce qui reprend en fait le langage philosophique courant où les personnes, loin de se définir, sont définies de l'extérieur et sont par conséquent ramenées à des identités ou même à des essences imposées. « Toutes les mêmes! » a-t-on régulièrement entendu, bref, une espèce et non des individus. La pluralisation accomplit deux ruptures. La première est d'ouvrir la voie à l'individuation, en mettant l'accent sur les différences qui peuvent exister entre les femmes; cette rupture est peu présente dans le féminisme des années 70, qui insiste fortement sur l'oppression commune des femmes et gomme au maximum les différences qui peuvent exister entre elles, différences qui sont d'ailleurs souvent réduites à d'autres marqueurs sociologiques, comme la classe, l'ethnie; ce n'est que dans les années 80 que commencera véritablement la réflexion autour de l'individuation des femmes comme effet du féminisme.

La seconde rupture concerne la nature collective du mouvement des femmes. Le féminisme y est perçu non pas comme le combat individuel de certaines mais comme la lutte d'ensemble de tout un groupe opprimé qui cherche à se défaire de la définition imposée par l'extérieur – et de la problématique de l'altérité ou du spéculaire que cela entraîne – pour se poser comme un groupe social qui entreprend de se définir non seulement en s'opposant mais également en combattant son oppression.

On peut également déceler une non-thématique commune aux féministes radicales et à Beauvoir : l'égalité des droits. Dans *Le Deuxième Sexe*, c'est évacué très vite : cela se fera, il n'y a pas à militer pour cette raison et, de toute façon, cela revêt une signification fort limitée. Pour les radicales des années 70, les droits, c'est l'idéologie bourgeoise (pas besoin de lire le Marx de *La Question juive* pour le savoir) et, du reste, le mouvement s'est fondé sur le hiatus entre l'égalité formelle et l'inégalité réelle, même si l'histoire nous montrera que les droits égaux étaient loin d'être acquis et n'étaient pas dénués d'importance.

L'importance du « personnage » Beauvoir

Si l'image « monumentale » de Beauvoir peut lui nuire dans le contexte français où la *persona* est confrontée à la personne, dans le Québec des années 70 elle est moins encombrante. Et il est indéniable que son image de *role model* est présente. On retient évidemment le couple non conformiste qu'elle forme avec Sartre (à l'époque de la valorisation des relations amoureuses *open*), le fait qu'elle ait une vie professionnelle qui lui appartienne en propre (probablement d'ailleurs que la plupart des militantes l'ont découverte par ses romans ou son autobiographie plutôt que par *Le Deuxième Sexe*), mais aussi qu'elle soit impliquée dans le soutien aux luttes du Tiers monde (Algérie, Vietnam) et qu'elle se situe dans un marxisme vaguement tiers-mondiste et maoïsant fort en vogue au Québec dans les milieux de gauche que fréquentent alors les radicales.

En plus, elle n'est pas un monument qui se contente de jouer sa figure historique (comme Thérèse Casgrain, par exemple), elle continue à agir et à se déplacer. Le fait qu'elle apporte sa caution à l'aile radicale de la mouvance féministe française, qu'elle participe à la dénonciation des crimes contre les femmes (le tribunal de Bruxelles, les journées de dénonciation des crimes contre les femmes à la Mutualité en 1972), qu'elle joue un rôle important comme figure publique de la lutte pour le droit à l'avortement (le Manifeste des 343 et le procès de Bobigny), tout cela contribue à en faire un monument vivant, c'est-à-dire une ancêtre qui apporte sa caution aux luttes présentes.

Beauvoir insiste également sur le fait que le socialisme ne signifie pas automatiquement la libération des femmes, qu'il faut préparer la révolution dans la révolution, mais non pas au sens de Debray. Le langage de l'égalité sociale, peu présent dans *Le Deuxième Sexe*, est plus visible chez la Simone de Beauvoir des années 70 qui s'implique dans le mouvement pour l'égalité des droits et la loi antisexiste[8] et a de quoi séduire les jeunes militantes qui croient encore que l'égalité est la réponse qu'il convient de donner à la lutte contre l'inégalité et l'injustice.

Le problème de la transmission

De façon plus générale, la lecture de Beauvoir par le féminisme québécois des années 70 soulève le problème de la transmission dans le féminisme. Il est certes assez difficile de régler de cette question en conclusion d'un texte dont le propos, pour y être lié, n'en demeure pas moins distinct, aussi devrais-je me contenter d'indiquer quelques pistes de réflexion qui expliquent ce besoin de réinventer sans cesse la roue qui caractérise le féminisme.

Je voudrais d'abord revenir sur la question de la sororité évoquée au début de ce texte. Celle-ci soulève le même problème que la fraternité dont elle reproduit les deux pires traits, à savoir l'impératif fusionnel et l'impasse sur le phénomène de la génération. De plus, elle rend difficile de poser la question du politique.

L'impératif fusionnel est un problème fort connu des collectifs féministes. Sans entrer dans le récit des horreurs organisationnelles et sans évoquer certains psychodrames, il reste que la sororité est au mieux le front commun des femmes, leur capacité de se constituer en « nous » qui peut agir. Mais trop souvent elle est devenue la communalité des victimes. La sororité est en effet trop souvent la solidarité mécanique créée par l'oppression et non pas la solidarité réfléchie qui passe par la prise en compte des différences. D'où la volonté de trouver ce qui nous rassemble toutes, comme le fameux slogan « nous sommes toutes ménagères » qui orne une entrée de métro montréalaise.

Quant à l'impasse sur l'idée de génération, elle est liée à l'horizontalité de statut. Les sœurs appartiennent toutes à la même génération, sans ascendance ni descendance. Or le problème de la transmission est également une question de génération. Pour penser la transmission féministe, il faut donc se donner les moyens de problématiser la génération, ce que l'idée de fraternité[9] ne permet pas de faire (ce qui a d'ailleurs nécessité l'exclusion des femmes du politique). Comme le souligne Françoise Collin, la transmission est d'abord un travail de génération et, partant, de l'ordre du symbolique. « La transmission n'est pas un mouvement à sens unique. À la différence de l'histoire, la transmission est toujours une opération bilatérale, un travail de relation, prélevée sur le vivant. Elle ne peut se comprendre comme le transfert d'un objet d'une main à une autre. Elle exige une double activité : de la part de celle qui transmet et de la part de celle qui accueille la transmission » (1986 : 82). De plus, la transmission permet de rompre avec la politique de la « table rase », qui oblige à constamment réinventer la roue.

Le problème du politique est celui de la solidarité et donc celui de la reconnaissance des différences et du travail sur celles-ci. La question de la solidarité a acquis très récemment un sens dans le féminisme dans la mesure où il est devenu nécessaire de reconnaître l'enchevêtrement des rapports sociaux de sexe et les autres rapports sociaux et où s'est développé la pratique des coalitions. La solidarité est une question politique parce qu'elle est un travail sur les différences, non pas dans le but de les faire disparaître mais dans le but d'en prendre acte et de les travailler.

Une autre question reliée au problème de la transmission, c'est la dimension de l'institution. Or le mouvement des femmes s'est à la fois relativement institutionnalisé et peu attardé à la question des institutions. Certes, son degré d'institutionnalisation n'est pas celui du mouvement syndical, qui peut se réclamer d'une assez longue continuité historique, l'histoire du féminisme s'étant largement vécue sur le mode de la discontinuité. Mais l'institution est également une possibilité de transmission.

À cet égard, il faut se demander si les formes d'institutionnalisation qui sont actuellement celles du féminisme sont à même d'assurer cette transmission. Je voudrais en aborder brièvement deux formes, la volonté d'assurer une continuité organisationnelle dans le mouvement et le développement des études féministes dans les universités. Dans le premier cas, il s'agit de rompre avec la nécessité d'avoir à réinventer la roue à chaque lutte et de faire en sorte que l'expérience d'une génération militante puisse se transmettre à la suivante. L'objectif est tout à fait louable mais le risque (il est trop tôt pour vérifier s'il est devenu réalité) est celui d'une routinisation et d'une bureaucratisation du mouvement. En ce qui concerne les études féministes, elles ne peuvent transmettre qu'une partie des acquis du féminisme, ce qui n'enlève pas leur pertinence mais limite leur rôle dans la transmission. Mais elles sont peut-être susceptibles de jouer un rôle dans l'émergence d'une *paideia* (un savoir et un mode de transmission de ce savoir) féministe, celle qui n'incite pas à l'imitation mais ancre la révolte dans l'affiliation et dans la possibilité de restructurer l'héritage, une sorte de création à partir de plutôt que *ex novo*. Cette institutionnalisation-là reste encore largement à faire et à penser.

Notes

1. Par *radicales*, j'entends les féministes qui pensent que l'oppression des femmes se situe au fondement des sociétés contemporaines et constitue un système. Pour elles, il faut aller à la racine du problème, le système patriarcal, et non se contenter de revendications partielles sur les effets de l'oppression des femmes. Par *réformistes*, j'entends les féministes qui reconnaissent l'existence de manifestations de l'oppression des femmes et les combattent, sans pour autant inscrire leur action dans une critique systématique de la société existante.

2. Voir à ce sujet les témoignages de Micheline Dumont et Monique Bégin dans Constance Blackhouse et David H. Flaherty (dir.), *Challenging Times. The Women's Movement in Canada and the United States*, Montréal/Kingston, McGill/Queen's University Press, 1992 et celui de Simonne Monet-Chartrand, *Ma vie comme rivière*, tome 1, Montréal, Remue-ménage, 1981.

3. Cet élément est évoqué dans le film de Josée Dayan, de même que dans l'introduction de l'ouvrage de Jacques Zéphir, *Le Néo-féminisme de Simone de Beauvoir*, Paris, Denoël-Gonthier, 1982.

4. Le FLF est fondé à la suite d'une manifestation – et de l'arrestation – de femmes qui voulaient par là protester contre le règlement anti-manifestation adopté par la Ville de Montréal sous l'administration Drapeau. Ce règlement municipal, déclaré ensuite *ultra vires* par la Cour suprême, interdisait les manifestations dans le centre-ville de Montréal. Il a été adopté pour empêcher que ne se reproduise la « casse » qui avait accompagné le mouvement contre le *bill* 63, projet de loi visant à accorder aux parents l'entière liberté de choix quant à la langue d'enseignement pour leurs enfants, mouvement qui a été l'un des points forts du mouvement nationaliste québécois à l'automne 1969.

5. Ces conférences sont reproduites dans *Mon héroïne*, Montréal, Remue-ménage, 1981.

6. Il s'agit de la revue publiée chez Maspero et dont le numéro 55 (1970) s'intitule « Libération des femmes, année zéro ». Il comprend plusieurs traductions de textes féministes américains de même que l'article de Christine Delphy (Dupont), « L'ennemi principal ».

7. Véronique O'Leary et Louise Toupin, *op. cit.*, tome 1, p. 77.

8. Voir l'entrevue accordée à Hélène Pedneault dans *La Vie en rose*, n° 16, mars 1984.

9. C'est d'ailleurs, ô ironie, le dernier mot du *Deuxième Sexe*.

DEUXIÈME PARTIE

UN HÉRITAGE FÉMINISTE

LA LESBIENNE SELON SIMONE DE BEAUVOIR ET NICOLE BROSSARD : IDENTITÉ OU FIGURE CONVERGENTE?

MARIE COUILLARD

Dans *Le Deuxième Sexe*, texte fondateur du féminisme moderne s'il en est un, Simone de Beauvoir consacre environ trois pour-cent de son ouvrage à la lesbienne. Un tel pourcentage ne saurait justifier à lui seul le texte qui suit. Toutefois, l'essai de Beauvoir, en renversant l'adéquation historique entre sexe et genre, introduit la nécessité de distinguer entre le sexe/donné biologique et le genre/produit social et culturel élaboré à partir de certaines données physiologiques, le genre masculin se posant comme terme de référence tandis que l'autre, le féminin, se voit refoulé dans l'altérité. Ainsi la différence établie entre les genres apparaît-elle chez Simone de Beauvoir comme le produit d'un conditionnement à une vision patriarcale où le féminin est dévalorisé, censuré et nié. Or la prise de conscience d'un tel conditionnement confronte toute femme à une question fondamentale sur son orientation sexuelle, tenant compte du fait que celle-ci, loin de se limiter à l'attrait et au plan physique, est aussi liée aux aspects culturels, économiques et politiques de la société.

L'hétérosexualité est-elle la seule forme naturelle (soit naturalisée par l'idéologie patriarcale) et supérieure de la sexualité humaine ou est-elle plutôt une institution politique qui cautionne un ordre androcentrique où la construction sociale de la sexualité féminine serait intimement liée aux intérêts et aux besoins masculins?

Dans les quelques pages qu'elle consacre à la lesbienne dans *Le Deuxième Sexe*, Simone de Beauvoir ne tranche pas la question. Son chapitre « La lesbienne », comme celui des « Mythes », est construit sur le mode binaire, soit une proposition A (nature faste/femme valorisée/lesbienne excusée, justifiée) et/ou une proposition B (nature néfaste/femme dévalorisée/lesbienne jugée, condamnée). Or, si l'analyse beauvoirienne des mythes illustre bien l'extrême polarisation de la représentation des femmes dans la pensée et l'imaginaire androcentrique, le chapitre sur la lesbienne, lui, met plutôt en évidence l'ambiguïté, voire le malaise de Beauvoir face à la question du choix de l'orientation sexuelle.

Bien qu'au départ Beauvoir balaie du revers de la main le discours du déséquilibre hormonal, du développement anatomique inachevé de la lesbienne tel qu'élaboré par le biologisme, il lui est cependant beaucoup plus difficile d'en faire autant avec les discours doxiques courants, discours androcentriques s'il en est, lesquels, à partir d'un déterminisme psychique, visent à consolider l'impératif hétérosexuel. À la remorque de ces discours, elle catégorise la lesbienne tantôt en « féminine », résultat d'une fixation infantile (une autre forme d'inachèvement) dénoncée comme régression, tantôt en « masculine », celle qui imite l'homme pour l'égaler et qui, de facto, devient une menace à enrayer par le ridicule ou le discrédit. Dans les deux cas, la lesbienne se retrouve enfermée, par un processus d'attribution où sexe et genre sont souvent confondus, dans un stéréotype réducteur et marginalisant, celui de la femme-enfant ou celui de la virago. Or, qui dit marginal dit exclu.

L'ambivalence de Simone de Beauvoir se manifeste dans son insistance à voir le lesbianisme (ou l'homosexualité féminine, comme elle l'appelle) comme résultant de l'absence ou de l'échec des relations hétérosexuelles, ou encore à voir dans l'étreinte saphique, par un effet miroir, une contemplation, une recréation du même dans l'autre où chacune serait « à la fois le sujet et l'objet » (1949, II : 208). Or, on sait que le stade du miroir ne représente qu'une étape dans la constitution du sujet. Cette perception de la lesbienne explique, sans doute, la place qui lui est réservée dans l'organisation du livre. En effet, le chapitre « La lesbienne » est inclus dans la partie « Formation » plutôt que dans celle, plus appropriée à mon avis, intitulée « Situation », surtout lorsque Beauvoir écrit en fin de chapitre : « En vérité l'homosexualité [...] c'est une attitude *choisie en situation*[1] [...] » (*ibid.* : 217). De même, bien que Beauvoir affirme que « [l]'homosexualité peut être pour la femme une manière de fuir sa condition ou une manière de l'assumer (*ibid.* : 195), elle évoque la doxa androcentrique lorsqu'elle écrit qu'« "en tant que perversion érotique" l'homosexualité féminine fait plutôt sourire; mais en tant qu'elle implique un mode de vie, elle suscite mépris ou scandale » (*ibid.* : 215) tout en asservissant le sujet lesbien à son personnage stéréotypé (*ibid.* : 216).

L'ambivalence de Simone de Beauvoir se manifeste non seulement sur le plan de l'argumentation mais aussi sur celui de l'écriture tant au niveau de la construction de la phrase, de la grammaire que celui du champ lexical. Ainsi la phrase : « Comme toutes les conduites humaines, elle [l'homosexualité] entraînera comédies, déséquilibre, échec, mensonge ou au contraire, elle sera source d'expériences fécondes, selon qu'elle sera vécue dans la mauvaise foi, la paresse et l'inauthenticité ou dans la lucidité, la générosité et la liberté » (*ibid.* : 192). Cette phrase qui clôt le chapitre ne peut que laisser la lectrice, ou le lecteur, perplexe. De même, l'emploi fréquent du pronom « on » renvoyant à des antécédents variables prête aussi à confusion. Dans la toute première phrase du chapitre, « On se représente volontiers la lesbienne [...] » (*ibid.* : 192), le pronom est un « on » doxique incluant l'auteure et la lectrice, alors qu'un peu plus loin, dans la phrase « on a vu que chez toutes l'érotisme infantile est clitoridien (*ibid.* : 194) », le pronom « on » en est un de complicité entre l'auteure et son lectorat. Par ailleurs, dans l'énoncé « chaque fois qu'elle [la femme] se conduit en être humain, on déclare donc qu'elle s'identifie au mâle (*ibid.* : 197) », il s'agit d'un « on » doxique dont elle s'exclut. Enfin elle utilise systématiquement le terme « homosexualité féminine » plutôt que « lesbianisme » déjà en usage. Le premier ramène la lesbienne, dans la classe générique homo/homme et a pour effet de souligner sa divergence et son exclusion; le second, qui en 1949 n'est pas encore politisé, n'en désigne pas moins une orientation sexuelle spécifiquement au féminin. Ainsi, l'orientation lesbienne, sauf dans des cas limites, est-elle ambiguë chez Simone de Beauvoir, ambiguïté qu'elle reprend à son compte dans l'affirmation : « En vérité, aucun facteur n'est jamais déterminant; il s'agit toujours d'un choix effectué au cœur d'un ensemble complexe et reposant sur une libre décision; aucun destin sexuel ne gouverne la vie de l'individu : son érotisme traduit au contraire son attitude globale à l'égard de l'existence » (*ibid.* : 209).

La lesbienne émerge donc chez Beauvoir comme une figure ex-centrique doublement marginalisée, tout d'abord de par son être-femme, sa différence biologique et surtout physiologique légitimant son oppression, sa condition dirait-elle, par le biais d'un discours

« naturalisé », et ensuite de par son choix d'orientation sexuelle qui perturbe les codes sociaux en l'excluant de l'ordre androcentrique. Tout en dénonçant la condition des femmes comme le fruit d'une construction idéologique, Beauvoir ne remet celle-ci en cause que jusqu'à un certain point, qui ne rejoint pas la question, fondamentale pourtant, du choix de l'orientation sexuelle, par crainte et répugnance à l'idée « d'enfermer la femme dans un ghetto féminin », comme elle l'affirmera dans *Tout compte fait* (1972, I : 509). Bien que quelque peu décevante, la figure de la lesbienne proposée par Simone de Beauvoir a tout de même le grand mérite d'avoir ouvert la voie aux réflexions et aux débats qui ont cours dans les milieux féministes, surtout américains, depuis les années 70. À partir des analyses beauvoiriennes, tout un mouvement s'est dessiné forçant chacune, chacun, à repenser la sexualité et surtout ses liens avec la famille, l'État et le système économique en termes de subjectivité et de multiplicité de perspectives. Nicole Brossard, la poète féministe québécoise, s'insère dans ce mouvement.

À prime abord, Nicole Brossard s'inscrit dans l'optique beauvoirienne en affirmant que le corps a « le genre de son cerveau » (1988 : 24). Toutefois, à la différence de Beauvoir qui adhère à la perception « traditionnelle » du caractère handicapant du corps féminin, Brossard refuse le handicap lié à une vision androcentrique, pour conquérir la différence (1988 : 48) et la valoriser tout en dénonçant son occultation et son travestissement. La conquête de la différence passe dans son cas par l'écriture, une écriture qui vise à déranger l'ordre social établi. Il s'agit, écrit Brossard, « d' une écriture de dérive de la symbolique patriarcale à la limite du réel et du fictif, entre ce qui paraît possible à dire, à écrire, mais qui s'avère souvent au moment de l'écrire, impensable... inavouable » (1985 : 53). Une écriture lesbienne où le « je » écrivant parle le désir des femmes plutôt que son désir (1985 : 45) et qui, se situant hors des institutions androcentriques, ne compose pas avec elles, ne revendique pas le pouvoir et qui, surtout, ne vise pas à reproduire ce qu'elle tente de renverser (Dupré 1988 : 14).

« C'est le combat. Le livre » : l'exergue de *L'Amèr* contient déjà en 1977 toute la démarche féministe et scripturaire de Nicole Brossard (1988 : 14). La phrase liminaire du même ouvrage, « J'ai tué le ventre », reprise, élargie et soulignée dans le texte, quelques pages plus loin, « J'ai tué le ventre et je l'écris[2] » (*ibid.* : 27), annonce son projet. Brossard refuse un corps féminin fragmenté, occulté, avili par la tradition judéo-chrétienne et réduit à sa fonction patriarcale de reproduction. À sa place, elle présente une nouvelle femme « civilisée » (*ibid.* : 90) grâce à son corps, ses sens et libérée de sa fonction biologique. « On a l'imagination de son siècle, de sa culture, de sa génération, d'une classe sociale, d'une décade, de ses lectures mais on a surtout l'imagination de son corps et de son sexe qui l'habite » (1985 : 60). Aussi dans ce premier texte ouvertement féministe et lesbien, la narratrice nous parle-t-elle de ses seins (1988 : 64), de sa cyprine (*ibid.* : 19), de ses poils, de ses menstruations, dans une véritable mise en avant du corps féminin qui entraîne la levée des tabous entourant le corps de la femme (Dorez 1988 : 150). Cette femme qui traverse ainsi l'histoire comme sujet, sans relever sa jupe (Brossard 1976 : 74) se cristallise dans la figure radicale de l'Amazone, figure mythique en marge de l'ordre androcentrique et qui, avec celle de la sorcière, sont les seules, selon Brossard, à ne pas avoir été inventées par l'homme (1985 : 134).

Dans *L'Amèr*, cette femme nouvelle effectue son entrée à partir d'une théorie/fiction qui reconceptualise la maternité en remplaçant le corps unique de la « fille patriarcale » par le corps multiple de la « fille-mère lesbienne » (1988 : 44). Donnée fondamentale de la théorie brossardienne, la famille féminine se pose en contrepartie à la famille archétypale chrétienne, Marie la vierge-mère, Joseph le conjoint émasculé et le fils qui provient de, tout en étant le père-Dieu. Cette famille autre où le « je » énonciateur devient diffus pour coïncider avec l'autre femme (Dupré 1988 : 8), où le singulier appelle le pluriel, où le privé de la condition des mères devient politique, reprend et actualise la célèbre formule « Je me révolte donc nous sommes » qui devient sous sa plume « Je parle au je pour assurer la permanence du nous » (Brossard 1985 : 97). S'effectue ainsi une véritable traversée du miroir androcentrique, lequel dans l'optique beauvoirienne figeait la lesbienne dans une « séduction statique » du même. Chez Brossard, la traversée du miroir permet de rejoindre l'autre femme et de coïncider avec elle. « Je suis, sortant par mon ouverture, de l'autre côté [...] Je ne me mire pas dans une autre femme; je traverse une autre dimension » (*ibid.* : 40). Elle permet la mise en place de la figure de la lesbienne, « essentielle », qui se situe au cœur de la pensée brossardienne, figure qu'elle ne cessera d'élaborer et de moduler.

La figure lesbienne chez Nicole Brossard s'élabore essentiellement entre 1977 et 1985 dans son triptyque lesbien *L'Amèr ou le Chapitre effrité* (1977), *Amantes* (1980), *Le Sens apparent* (1980) et le recueil *La Lettre aérienne* (1985). *L'Amèr* en donne la configuration initiale en remplaçant le discours phallocentrique sur la mère par l'affirmation d'un je-femme sujet hors de l'ordre androcentrique et par son mouvement vers un je-pluriel féminin. *Amantes* se tourne vers l'analogie entre aimer et écrire à la recherche d'une équation différentielle entre textualité et érotisme. *Le Sens apparent*, pour sa part, reprend la célébration du désir lesbien comme moyen de déplacer le discours des maîtres tout en réaffirmant les radicales urbaines de l'écriture, la conscience féministe, le travail de la mémoire et la modernité textuelle (Parker 1988 : 44). *La Lettre aérienne,* pour sa part, réunit plusieurs des textes théoriques féministes brossardiens écrits entre 1975 et 1985 tendus « vers l'écriture et le langage » (Brossard 1985 : 9). Dans le cadre de ce texte, mon propos se limitera à *L'Amèr* et à *La Lettre aérienne.*

À prime abord, il importe de souligner que la figure lesbienne chez Brossard est une figure d'écriture complexe, polyvalente et polysémique (Dupré 1988 : 11). Figure politique, elle s'inscrit au cœur du projet féministe brossardien, celui de redonner à la femme l'émotion et le désir vers l'autre que lui ont dérobés l'idéologie patriarcale et le phallocentrisme. Dans ce sens, la figure lesbienne rejoint celle de l'Amazone, la militante, celle qui résiste au patriarcat et, ce faisant, rompt avec celui-ci pour prendre une dimension allégorique et devenir une figure déréalisée, point de départ d'un imaginaire au féminin. « S'il n'était lesbien ce texte n'aurait point de sens. Tout à la fois matrice, matière et production [...]. Il constitue le seul relais plausible pour me sortir du ventre de ma mère patriarcale » (Brossard 1988 : 22).

À titre d'initiatrice et d'incitatrice, la figure lesbienne permet l'évacuation, par les mots, d'une réalité, celle de l'œil, de l'écriture androcentrique qui réduit la réalité des femmes à une fiction, un fait divers telle la violence subie (Brossard 1985 : 53), qui réduit aussi le corps écrivant au neutre-masculin (*ibid.* : 51). Elle se présente, pour reprendre l'expression de Louise Dupré, comme « d'abstraction d'un corps figuré en dehors de tout réalisme » (1988 : 11), un corps de femme en mouvement, un corps de femme désexualisé au sens androcentrique du terme mais fortement érotisé, soit chargé de désirs et de jouissance au sens féminin du terme. Corps inavouable, et corps irreprésentable puisque inscrit plutôt que représenté mais qui, en se rapprochant d'autres corps de femmes, traverse « les dimensions inédites qui le rendent à sa réalité » (Brossard 1985 : 96). « L'origine n'est pas la mère mais le sens que je donne aux mots et à l'origine je suis une femme » (*ibid.* : 97).

Une telle traversée permet d'accéder, par la géométrie de la spirale, à des espaces inédits, favorisant de nouvelles perceptions (Dupré 1988 : 11), « une nouvelle configuration propre à infléchir le sens commun » et à mettre en place les jalons d'un territoire imaginaire qui préfigurerait une culture au féminin, une culture positive, motivante et excitante, où « exciter » est pris au sens de mettre en mouvement (Brossard 1985 : 96).

La figure lesbienne nous renvoie donc à une question de sens, sens considéré comme « direction vers », trajectoire à suivre mais aussi sens considéré comme signification, puisque dans la pensée brossardienne, le mot « lesbienne » prend un relief qu'il n'a jamais eu dans la langue courante, circulant comme il le fait entre le signifiant et le signifié, entre le référentiel, le désir, la pensée et l'écriture (Parker 1988 : 50). Aussi la figure lesbienne imprime-t-elle au langage une autre dimension: « la logique binaire androcentrique est délaissée au profit d'une logique tridimensionnelle » (Dupré 1988 : 11) rassemblant la partie et le tout, le fragment et la totalité, ce qui se résume chez Brossard dans la forme holographique qu'adoptera son œuvre. Avec la figure lesbienne, l'écriture brossardienne se transforme en exploration autour de certains concepts tels réalité, fiction, différence, mère, etc., exploration qui vise à faire renaître des mots une énergie nouvelle, une énergie qui crée une brèche dans la symbolique patriarcale afin de réduire « d'écart entre la fiction et la théorie pour gruger le champ idéologique » (Brossard 1988 : 103). Ainsi, comme l'a souligné Alice Parker, dans l'œuvre brossardienne, le mot « lesbienne » ne renvoie pas à qui est Nicole Brossard la poète féministe ou encore à où elle se situe, mais il traduit plutôt une qualité d'émotion et de désir des femmes entre elles, définie comme une différence par rapport à la norme qui réglemente nos relations sociales (Parker 1988 : 3) ou encore, comme le dit Brossard, la figure lesbienne renvoie à une posture qui permet de faire sens collectivement (1985 : 98).

Il existe donc un écart considérable entre la lesbienne selon Beauvoir et la figure lesbienne selon Brossard. Simone de Beauvoir a été la première à s'inscrire en faux contre le point de vue biologique et à soutenir que le genre est un produit de processus sociaux et culturels. Elle dénonçait le conditionnement des femmes par l'institution patriarcale. Il n'en demeure pas moins que, piégée par l'universalisme, selon lequel l'essence de la féminité est implicitement constituée par rapport à un modèle masculin[3] considéré comme neutre, universel, puisqu'il possède le pouvoir de la parole, Beauvoir se trouve dans l'incapacité de concevoir la notion de différence comme une forme humaine dynamique. Aussi dans sa perspective, la lesbienne demeure-t-elle doublement marginalisée, à la fois comme femme et comme femme déviante par rapport à un ordre qu'elle ne saurait remettre en question. Pourtant, une phrase comme « son érotisme [de l'individu] traduit [...] son attitude globale à l'égard de son existence » qui vient s'ajouter à cette autre, « l'homosexualité c'est une attitude *choisie en situation* », suggère bien une sympathie implicite chez Beauvoir envers le choix d'une telle attitude, choix qu'en fin de compte elle choisit de ne pas approfondir.

Trente ans plus tard, des féministes, dont Nicole Brossard, reprennent et développent la question de l'orientation sexuelle, cette fois-ci non seulement en termes d'attirance mais par rapport à l'idéologie en place. Poète avant tout, Brossard met en œuvre, sur le plan de l'écriture, une femme impensable, inavouable, une figure lesbienne polyvalente et polysémique sujette à une lecture multiple, d'où sa complexité. D'une part, la lesbienne de Brossard se réclame d'un féminisme gynocentrique à partir d'un corps spécifiquement féminin revalorisé dans sa différence, ce qui, selon les critiques de Brossard, la ferait basculer dans une vision différentialiste voire essentialiste. Cependant, le corps/écrivant lesbien de Brossard se pose comme lieu autre de connaissance et, partant, échappe au biologisme et au sociologisme sur lesquels repose l'essentialisme. D'autre part, la figure lesbienne de Brossard peut aussi être lue comme une figure utopique, laquelle à l'heure d'un pragmatisme englobant et du discours unique se voit discréditée et refoulée dans le domaine de l'illusion et de l'irréalisable. Or, est-il besoin de le rappeler, l'utopie est à la fois la construction d'une société idéale *et* la critique d'un présent aliénant et insoutenable. L'utopie lesbienne de Brossard, mirage ou non, a le grand mérite de nous extirper d'une mémoire gynécologique douloureuse. Elle nous propose, en contrepartie, une figure de femme positive, envoûtante et valorisante. Enfin, dans une lecture comme dans l'autre, la lesbienne de Brossard se pose comme figure rassembleuse. Elle nous donne, à nous les femmes, une prise sur la symbolique patriarcale véhiculée par la communication et la connaissance, là où se situe notre domination première. Aussi explique-t-elle et justifie-t-elle tout à la fois la célèbre signature : « Écrire <u>je suis une femme</u> est plein de conséquences » (1988 : 53).

Notes

1. En italique dans le texte.

2. Phrase isolée et soulignée dans le texte.

3. Ce que Beauvoir affirme et souligne de plusieurs façons, en particulier en reprenant cette citation de Julien Benda : « L'homme se pense sans la femme. Elle ne se pense pas sans l'homme » (1949, I : 15).

MATERNITÉ, CORPS ET POLITIQUE
DANS *LE DEUXIÈME SEXE*

MARIE-BLANCHE TAHON

La lecture de la maternité dans *Le Deuxième Sexe*[1] ici proposée est largement marquée par mon programme de recherche en sociologie politique qui n'a pas manqué de rencontrer la revendication de la parité politique. Revendication qui s'inscrit dans l'universalité et qui, dès lors, ne concerne pas les seules femmes, contrairement à ce que laisse entendre, par exemple, Micheline de Sève (1999). Je montrerai que *Le Deuxième Sexe* fournit un argument pour penser la parité dans son rapport à l'universalité. Il n'est pas impossible, je le concède, que tel n'était peut-être pas le dessein de Beauvoir, mais puisque le thème de ce recueil est « une relecture en trois temps », je m'autorise à le mettre en valeur. Cet argument prend place au milieu de considérations sur la maternité qui augurent mal d'une libération des femmes et d'une reconnaissance de leur droit à représenter le peuple à égalité avec les hommes. Considérations sur la maternité qui ont empreint et continuent à empreindre ses héritières, fussent-elles des filles ingrates comme, par exemple, Sylviane Agacinski. Il n'en demeure pas moins qu'en consacrant un chapitre distinct à « La femme mariée » et à « La mère », Beauvoir, fût-ce inconsciemment, préconisait la désassimilation de la femme et de la mère, ce qui constitue, à mes yeux, la condition pour penser la libération des femmes et pour les intégrer à l'espace politique. Intégration à l'espace politique que rencontre aujourd'hui la revendication de la parité politique.

Le traitement de la maternité dans *Le Deuxième Sexe* est sans doute l'un des thèmes qui a entouré ce livre d'un fumet de scandale. Comment aurait-il pu en être autrement dans la France populationnaliste de l'après Seconde Guerre mondiale – héritière sur ce plan aussi du régime de Vichy (Muel-Dreyfus 1996) –, quand on sait que les premières pages du chapitre intitulé « La mère » – le chapitre VI du tome II – sont consacrées à l'avortement? Ce qui, rétrospectivement, nourrit le mythe d'une Beauvoir féministe-révolutionnaire dès 1949. D'autant que le ton semble immédiatement donné : « depuis environ un siècle, la fonction reproductrice n'est plus commandée par le seul hasard biologique, elle est contrôlée par des volontés » (Beauvoir 1949, II : 330).

Cette référence liminaire au caractère volontaire de la « fonction reproductrice » mérite que l'on s'y arrête aussitôt. Beauvoir l'utilise au pluriel : « des volontés ». Elle renvoie elle-même aux pages consacrées dans le tome I à « l'asservissement [de la femme] à la fonction génératrice » (1949, I : 202) et à « l'affranchissement de l'esclavage de la reproduction » (*ibid.* : 207) qui se ferait jour. Elle considère en effet que :

> malgré les préjugés, les résistances, les survivances d'une morale périmée, on a donc vu se réaliser le passage d'une fécondité libre à une fécondité dirigée par l'État ou les individus (*ibid.*).

Cette dernière phrase – dont je citerai bientôt le paragraphe dans lequel elle prend place – donne à penser que Beauvoir considérait ce « passage d'une fécondité libre à une fécondité dirigée par l'État ou les individus » (*ibid.*) comme un point fort de l'évolution de la condition féminine. N'avait-elle pas écrit au début de la première partie consacrée à l'Histoire :

> [...] engendrer, allaiter ne sont pas des *activités*, ce sont des fonctions naturelles; aucun projet n'y est engagé; c'est pourquoi la femme n'y trouve pas le motif d'une affirmation hautaine de son existence; elle subit passivement son destin biologique (*ibid.* : 112).

Ce qui avait été introduit par :

> [...] l'humanité n'est pas une simple espèce naturelle : elle ne cherche pas à se maintenir en tant qu'espèce; son projet n'est pas la stagnation : c'est à se dépasser qu'elle tend (*ibid.* : 110).

et se concluait par :

> [...] ce n'est pas en donnant la vie, c'est en risquant sa vie que l'homme s'élève au-dessus de l'animal; c'est pourquoi dans l'humanité la supériorité est accordée non au sexe qui engendre mais au sexe qui tue (*ibid.* : 113).

Point à la ligne. Et à la ligne suivante, on lit : « Nous tenons ici la clef de tout le mystère.» Michèle Le Doeuff estime à ce propos que :

> Beauvoir ne fonde rien sur ce fondement, elle ne le fait pas fonctionner comme point de départ d'une déduction génétique ou d'une construction. Pour retracer l'histoire de la condition féminine, elle empruntera beaucoup plus à Engels qu'à cette « clef » hégélienne, souvenir de cette sacrée dialectique du maître et de l'esclave qui captivait tant Kojève. [...] Je gagerais que Simone de Beauvoir n'a pas cru elle-même à la « clef » qu'elle propose, et c'est ce qui a produit son attention minutieuse au réseau polymorphe des limitations imposées aux femmes : la vie quotidienne est d'autant plus étroitement quadrillée que l'assujettissement des femmes doit être, à chaque instant, réinventé (1989 : 134).

Est-il si sûr que Beauvoir n'ait pas cru elle-même en cette clef – « dans l'humanité la supériorité est accordée non au sexe qui engendre mais au sexe qui tue »? On ne manquera pas de rapprocher cette considération beauvoirienne de l'article de Françoise Héritier précisément intitulé « Le sang du guerrier et le sang des femmes ».

Procédant, comme cela se fait classiquement en anthropologie, au rapprochement entre le guerrier et le chasseur, Héritier écrit :

> La part des femmes, par la cueillette, représente parfois plus de soixante-dix pour cent des ressources alimentaires du groupe dans les sociétés de chasseurs-collecteurs, mais cela n'a pas d'importance : le vrai prestige est attaché à la fonction de chasseur.
>
> Nous voici confrontés à l'ultime énigme. Parce qu'il me semble que la matière première du symbolique est le corps, car il est le lieu premier d'observation des données sensibles, et parce qu'à tout problème complexe il ne peut y avoir de solutions qui ne recourent à des explications dont l'enchaînement remonte à des données de plus en plus simples jusqu'à ce qu'elles butent sur des évidences élémentaires, j'avancerai que la raison en est peut-être une caractéristique ancrée dans le corps féminin (et qui n'est pas l'« inaptitude à la coction du sperme »).
>
> Ce qui est valorisé alors par l'homme, du côté de l'homme, est sans doute qu'il peut faire couler son sang, risquer sa vie, prendre celle des autres, par décision de son libre arbitre; la femme « voit » couler son sang hors de son corps (ne disait-on pas communément « voir » en français, pour dire « avoir ses règles »?) et elle donne la vie (et meurt parfois ce faisant) sans nécessairement le vouloir ni pouvoir l'empêcher.

Là est peut-être dans cette différence le ressort fondamental de tout le travail symbolique greffé aux origines sur le rapport des sexes (1996 : 234-235).

Héritier parle de « ressort fondamental » et non de « clef de tout le mystère », mais cette distinction n'est sans doute pas la plus importante dans l'approche des deux auteures. Héritier est attentive au « travail symbolique », alors que Beauvoir paraît, elle, insensible à sa production, singulièrement en matière de reproduction. Si l'homme peut risquer sa vie par décision de son libre arbitre, tandis que la femme donne la vie sans nécessairement le vouloir ni pouvoir l'empêcher, il reste que l'élévation de l'homme au dessus de l'animal tient notamment en ce que lui exerce un contrôle social sur la fécondité des femmes. Beauvoir ne peut sans doute se représenter qu'il s'agit là d'un enjeu puisqu'elle considère qu'« engendrer, allaiter [...] sont des fonctions naturelles ». N'est-on dès lors pas en droit de contester que son assimilation, au chapitre de la reproduction, des femmes aux femelles de l'espèce humaine soit empruntée à Engels? N'était-il pas, lui, persuadé que les femmes qui enfantent sont des humaines, et non des femelles de l'espèce humaine, quand il écrivait dans sa préface à la première édition de *L'Origine de la famille, de la propriété privée et de l'État*, en 1884 :

Selon la conception matérialiste, le facteur déterminant, en dernier ressort, dans l'histoire, c'est la production et la reproduction de la vie immédiate. Mais, à son tour, cette production a une double nature. D'une part, la production des moyens d'existence, d'objets servant à la nourriture, à l'habillement, au logement, et des outils qu'ils nécessitent; d'autre part, la production des hommes mêmes, la propagation de l'espèce. Les institutions sociales sous lesquelles vivent les hommes d'une certaine époque et d'un certain pays sont déterminées par ces deux sortes de production : par le stade de développement où se trouvent d'une part le travail, et d'autre part la famille (Engels 1884 : 17-18).

Engels parle non de « reproduction » mais de « production des hommes mêmes » et il fait de la famille une « sorte de production » qu'il met sur le même plan que le travail. Ni travail *ni famille* ne sont assimilables au physiologique puisque dans l'un et l'autre cas, c'est de production qu'il s'agit. Beauvoir, elle, décrit la « reproduction » comme un asservissement des femmes à *l'espèce*. Elle procède à une physiologisation, à une biologisation des femmes. Et c'est ce procédé qui l'autorise à considérer qu'elles sont ou seront délivrées de leur asservissement par des *techniques*. Beauvoir a d'ailleurs tendance à considérer qu'elles le sont déjà. On se souvient qu'elle avait écrit :

> Malgré les préjugés, les résistances, les survivances d'une morale périmée, on a donc vu se réaliser le passage d'une fécondité libre à une fécondité dirigée par l'État ou les individus (1949, I : 207).

Ce qu'elle illustre comme suit :

> C'est seulement pendant une courte période que l'avortement a été officiellement autorisé, en Allemagne avant le nazisme, en U.R.S.S. avant 1936. Mais malgré religion et lois il tient dans tous les pays une place considérable. En France, on en compte chaque année de huit cent mille à un million – soit autant que de naissances – les deux tiers des avortées étant des femmes mariées, beaucoup ayant déjà un ou deux enfants. Malgré les préjugés, les résistances, les survivances d'une morale périmée, on a donc vu se réaliser le passage d'une fécondité libre à une fécondité dirigée par l'État ou les individus. Les progrès de l'obstétrique ont considérablement diminué les dangers de l'accouchement; les souffrances de l'enfantement sont en train de disparaître; ces jours-ci – mars 1949 – on a décrété en Angleterre que l'emploi de certaines méthodes d'anesthésie était obligatoire; elles sont déjà généralement appliquées aux U.S.A. et commencent à se répandre en France. Par l'insémination artificielle s'achève l'évolution qui permettra à l'humanité de maîtriser la fonction reproductrice. En particulier ces changements ont pour la femme une immense importance; elle peut réduire le nombre de ses grossesses, les intégrer rationnellement à sa vie au lieu d'en être l'esclave (*ibid.* : 206).

Elle avait noté quelques pages auparavant :

> En France la propagande anticonceptionnelle et la vente de pessaires, tampons vaginaux, etc., est interdite; mais le « birth control » n'en est pas moins répandu (*ibid.* : 204).

Et s'agissant de l'avortement en France, elle écrivait :

> L'idée que l'avortement est un homicide disparaît au XIXe siècle : on le considère plutôt comme un crime contre l'État. La loi de 1810 le défend absolument sous peine de réclusion et de travaux forcés pour l'avortée et ses complices; en fait, les médecins le pratiquent toujours quand il s'agit de sauver la vie de la mère. Du fait même que la loi est très sévère, les jurés vers la fin du siècle cessent de l'appliquer; il n'y avait qu'un nombre infime d'arrestations et on acquittait les 4/5 des accusées. En 1923, une nouvelle loi prévoit encore les travaux forcés pour les complices et auteurs de l'intervention, mais punit la femme seulement de prison ou d'une amende; en 1939, un nouveau décret vise spécialement les techniciens : aucun sursis ne leur sera plus accordé. En 1941, l'avortement a été décrété crime contre la sûreté de l'État. [...] Dans l'ensemble, codes et tribunaux ont beaucoup plus d'indulgence pour l'avortée elle-même que pour ses complices (*ibid.* : 205-206).

Je ne m'étendrai pas sur le caractère approximatif de ces éléments historiques : la loi de 1923 a, en fait, été promulguée en 1920. Je me contenterai de rejoindre Sylvie Chaperon lorsqu'elle remarque :

> [...] bien souvent, la libération des femmes semble supposer une véritable amputation somatique, ou du moins une transformation des corps par les progrès médicaux [...]. Les femmes doivent se libérer de leur propre corps puisqu'il est asservi à l'espèce. Pour Simone de Beauvoir les progrès dans la condition des femmes s'expliquent d'ailleurs surtout par un recul du pouvoir de la nature grâce aux techniques (1997 : 125).

Je la rejoins précisément en ce qu'elle attire l'attention sur l'articulation entre les deux pôles : libération des femmes par une transformation qui se joue au niveau du corps et survalorisation de la technique. Cette survalorisation de la technique se donne clairement à lire dans les extraits que j'ai cités : il suffit que des techniques existent pour que le problème soit en voie de résolution, sinon résolu. Cette insistance sur la technique a pour effet d'occulter l'enjeu politique. Cette occultation de l'enjeu politique par la technique est peut-être l'héritage le plus tangible du *Deuxième Sexe*. Il est encore à l'œuvre en 1999, cinquante ans après sa parution et trente ans après le redéploiement du mouvement de libération des femmes. Mouvement de libération des femmes des années 70 qui a pourtant rempli l'objectif pour lequel il s'était déployé. Il est parvenu, en un espace de temps très court, quelques années, à faire ratifier son slogan : « un enfant, si je veux, quand je veux ». Ce faisant, il a libéré les femmes de l'équation « femme = mère » qui est fatale à leur accès aux droits politiques, à leur exercice et à leur accès aux mêmes droits civils que les hommes à une période donnée.

C'est la désassimilation de la femme et de la mère qui libère les femmes de l'inégalité avec les hommes. Cette désassimilation ne relève pas d'un moyen technique. Ce n'est pas la pilule qui a fait accéder les femmes à l'égalité. C'est la reconnaissance par la loi de leur droit à contrôler elles-mêmes leur fécondité. Reconnaissance qui implique que, dorénavant, il est entendu qu'une femme peut dire « je ». Elle est un « je » doué d'une conscience puisque c'est en conscience qu'elle parle et agit au nom d'un tiers, l'enfant à naître qui ne lui a rien demandé. Elle parle et agit en son nom, qu'elle exerce sa liberté d'avorter ou qu'elle décide de le garder.

À partir du moment où ce droit est reconnu aux femmes, elles accèdent aux « droits de l'homme et du citoyen ». Si l'on tient à tout prix à raisonner en termes de « droits des femmes », il me semble qu'il n'y en a qu'un : celui qui leur reconnaît le droit de contrôler elles-mêmes leur fécondité. Ce droit reconnu, l'obstacle est levé pour qu'elles participent pleinement de l'universalité de la citoyenneté. On peut d'ailleurs noter qu'à partir du moment où sont admises la contraception libre et la liberté de l'avortement, toute inscription de l'inégalité entre hommes et femmes disparaît du texte de la loi. Ainsi, au Québec, en France et dans les autres États civilistes, les modifications profondes du Code civil au début des années 80 gomment tout ce qui légiférait l'inégalité des femmes.

Ce droit des femmes à contrôler elles-mêmes leur fécondité s'apparente au droit à la sûreté. C'est dans la foulée de « un enfant, si je veux, quand je veux » que se déclenchera le mouvement pour faire admettre que le viol est un crime contre celle qui en est victime, y compris dans le mariage, et que seront dénoncés violence conjugale et harcèlement sexuel. Droit à la sûreté qui se concrétise dans « mon corps m'appartient ». Il me semble pourtant que la liberté de l'avortement déborde le « mon corps m'appartient » puisqu'elle implique un tiers, c'est-à-dire quelqu'un qui n'est pas partie au contrat. Ce serait eu égard à cette considération que j'admettrais que le droit des femmes à contrôler elles-mêmes leur fécondité est un « droit des femmes ». L'unique.

Cette révolution dans les rapports politiques de sexe, qui ne s'apparente pas à « une fécondité dirigée par l'État » mais résulte de la reconnaissance que les femmes aussi sont des individus doués de raison, est rarement prise en considération à sa juste valeur. Ainsi, quand Michèle Le Doeuff ferraille contre la parité (1995), elle reproche aux paritaristes de revendiquer que les femmes participent à part égale avec les hommes dans la représentation du peuple au sein des assemblées élues en s'abstenant de proposer un programme de mesures destinées à résoudre concrètement les problèmes qu'elles vivent actuellement, dont l'avortement difficile d'accès pour les non-Françaises et la contraception non publicisée. Il n'y a bien sûr pas lieu de négliger ces problèmes. Reste que ces mesures peuvent être réclamées parce que le principe selon lequel le contrôle de leur fécondité relève des femmes elles-mêmes a été entériné par la loi. Que ce principe bute sur des difficultés d'application ne devrait pas empêcher de souligner qu'il a été formellement proclamé. Proclamation formelle qui ouvre la voie à la revendication de l'élargissement de son champ d'application, par exemple, dans le cas cité par Le Doeuff, aux non-Françaises en France.

Si Beauvoir, parce qu'elle prenait la technique pour une solution, estimait que la technique mise au point résolvait le problème de « l'asservissement des femmes à l'espèce », une fraction de ses héritières ne déplace que très légèrement la donne : elles persistent à faire comme si des modalités techniques dans l'application du principe rendaient caduque la proclamation de ce principe. Il y a là un masochisme féministe qui bloque le processus de libération des femmes de l'inégalité avec les hommes. Libération de l'inégalité qui suppose une inscription dans l'espace politique. Un des intérêts de la revendication de la parité est précisément de le rappeler, d'autant qu'elle peut, aujourd'hui, justifier que la représentation du peuple par autant de femmes que d'hommes s'inscrit dans l'universalité. Elle le peut puisque désormais, grâce à la reconnaissance par la loi du droit des femmes à contrôler elles-mêmes leur fécondité, grâce à la désassimilation politique de la femme et de la mère, les femmes ne sont plus marquées par les « déterminations de leur sexe » (Rosanvallon 1992). Pour le dire en une formule : les femmes ne sont plus des corps mais des individus.

Cela rend l'héritage du *Deuxième Sexe* passablement obsolète puisque, ainsi que le remarque Sylviane Agacinski (1998 : 78), Beauvoir « repousse la fécondité féminine dans l'impuissance et la passivité de la matérialité et de la chair ». Héritage notamment récupéré par des hommes qui se prétendent philogynes. Ainsi, Lipovesky, le héraut de *La Troisième Femme* (1997 : 11), ne craint-il pas d'énoncer : « Les femmes étaient "esclaves" de la procréation, elles se sont affranchies de cette servitude immémoriale. » Françoise Héritier a fait un sort au préjugé selon lequel la procréation aurait constitué, *en elle-même*, un handicap pour les femmes. Elle l'a été, rappelle-t-elle (1996 : 25) en raison d' « une volonté de contrôle de la reproduction de la part de ceux qui ne disposent pas de ce pouvoir si particulier ». La perspective beauvoirienne pèche donc, malgré les apparences, par défaut de matérialisme au niveau des rapports entre les sexes et non par excès. Défaut de matérialisme quant à l'analyse du contrôle de la reproduction selon les sexes qui amène Beauvoir à figer la (future) mère dans un corps qui gonfle, à souligner lourdement le caractère contingent de la maternité, son engluement dans le biologique, alors que l'enjeu réside dans la question de savoir qui contrôle le fruit de ses entrailles. Aujourd'hui, dans les démocraties occidentales, la loi reconnaît que c'est elle.

Mais si Sylviane Agacinski peut, à juste titre, aujourd'hui encore, dénoncer l'approche beauvoirienne de la maternité, puisqu'elle sert de caution aux adversaires de la parité, parmi lesquels se compte Lipovesky, il n'y a pas lieu pour autant de la suivre lorsqu'elle prétend que « la maternité doit être réinterprétée comme une puissance et revendiquée comme une force » (1998 : 80). Cette surenchère en réaction à Beauvoir, au *Deuxième Sexe* et à ses épigones égalitaristes est sans doute contre-productive et aboutit à un énoncé fallacieux : « la paternité ou la maternité sont peut-être les épreuves vraiment décisives de la différence des sexes, et il n'est pas sûr qu'il y en ait d'autres » (*ibid.* : 145). Énoncé qui semble répondre à une question mal posée. Agacinski se demande en effet « ce qui reste de l'identité sexuelle lorsqu'on a exclu les fonctions maternelle et paternelle, autrement dit le lien naturel et/ou institué avec la descendance » (*ibid.* : 143). Comme elle l'admet elle-même, il y a longtemps qu'elle n'a plus lu les auteures féministes. Si elle avait été plus attentive à leurs productions, elle se serait abstenue de se laisser aller à traiter de l'« identité sexuelle » pour s'en tenir à l'« identité sexuée » moins compromettante au niveau de l'analyse. Associer maternité et différence des sexes illustre, me semble-t-il, un assujettissement à l'analyse beauvoirienne – et ajouter paternité à maternité, pour politiquement ou féministement correct que cela soit, n'y change pas grand-chose. Cette association entre maternité, paternité et différence des sexes indique une adhésion à l'équation « femme = mère » à laquelle souscrivait Beauvoir *pour la déplorer*. La valoriser constitue un retournement de cette perspective. Mais un retournement dans l'ordre du même. Or, la parité suppose un détournement de cette perspective.

Pour l'étayer, je prendrai appui sur la position de Dominique Schnapper qui s'oppose à la parité. Elle prétend que « [l]a critique de l'universalisme de la citoyenneté au nom de l'exclusion des femmes porte sur un faux universalisme, celui qui se confond avec un groupe particulier, les hommes », tout en assénant que « [l'] arrachement à la détermination biologique doit rester au principe de la citoyenneté – et du combat des féministes » (1998 : 464). Ces deux propositions ne me paraissent pas incompatibles, contrairement à ce que prétend ultimement Schnapper.

Il y a pourtant lieu de s'interroger sur « l'arrachement à la détermination biologique », non en elle-même mais dans la conjoncture. Cette occurrence n'est-elle pas devenue obsolète lorsqu'il s'agit *aujourd'hui* de penser la citoyenneté des femmes – notamment en son « second étage » (Kriegel 1998), celui de la représentation, celui où s'inscrit la revendication de la parité politique? Depuis que la loi reconnaît aux femmes le droit de contrôler elles-mêmes leur fécondité, on ne voit plus de quelle détermination biologique elles devraient s'arracher. Mais si « l'arrachement à la détermination biologique » est chose faite, reste que dans l'espace public, et donc dans l'espace politique, les humains sont inscrits, à l'*état civil*, dans l'une des deux catégories de sexe, et cela en nombre quasiment égal. Ce constat va à l'encontre de la position d'Agacinski qui recherche l'expression de la différence des sexes dans la maternité et la paternité. Or, c'est l'état civil qui institue la différence des sexes, qui inscrit l'identité sexuée. Inscription de l'identité sexuée qui se donne immédiatement à lire dans le prénom que l'enfant reçoit. Là est l'épreuve décisive de la différence des sexes. Sans référence immédiate à la maternité ou à la paternité. C'est donc de l'inscription à l'état civil que peut se justifier la revendication de la parité politique des femmes et des hommes et non d'une quelconque « détermination biologique », même symboliquement transcendée en maternité ou en paternité.

Même si maternité et paternité sont des institutions, c'est-à-dire des construits symboliques, et non des « fonctions naturelles » comme dirait Beauvoir, elles n'interviennent pas dans la représentation de ce qu'est la citoyenneté dans la modernité démocratique qui repose sur « tous les hommes naissent libres et égaux en droit ». La paternité n'est pas intervenue dans la définition du citoyen moderne et si la maternité est, elle, intervenue, cela relevait d'un processus de transition qu'il n'y a pas lieu de réactiver puisque les femmes ne peuvent accéder à la citoyenneté tant qu'est maintenue l'équation « femme = mère ».

Les femmes ont pu être tenues à distance de l'exercice de la citoyenneté (droits politiques : droit de vote et d'éligibilité et droits civils), y compris dans la modernité démocratique, sans parler de la démocratie athénienne (Loraux 1981, 1989, 1990) et de la république romaine (Thomas 1986, 1991), par l'assimilation de la femme et de la mère, la maternité étant construite comme le côté pile de la médaille dont le côté face était la citoyenneté (masculine). Les femmes des démocraties modernes sont devenues pleinement citoyennes quand est devenue pensable la désassimilation de la femme et de la mère. Alors, toute inégalité entre femmes et hommes a disparu du texte de la Loi. Reste aujourd'hui à rencontrer la question de la représentation du peuple. Elle peut l'être sans succomber à l'essentialisme ou au particularisme, elle peut l'être dans le respect de l'universalité, puisque la maternité n'a plus voix au chapitre de la représentation de ce qu'est la citoyenneté. Elle ne peut plus être tenue comme le revers de la citoyenneté. Le retournement ne tient pas en ce que l'incompatibilité entre maternité et citoyenneté se serait transformée en compatibilité, il tient en ce que la maternité ne peut plus être instrumentalisée comme le côté pile pour laisser apparaître le côté face de la citoyenneté. Elle ne peut plus être instrumentalisée à cette fin depuis qu'il est admis par la loi qu'elle relève de la volonté de la femme. Il me semble donc contre-productif de mettre de l'avant l'idée que « la maternité doit être réinterprétée comme une puissance et revendiquée comme une force » afin de promouvoir la parité des femmes et des hommes dans la représentation du peuple.

Revendiquer la parité politique suppose de maintenir le questionnement sur la citoyenneté dans le registre du politique et de considérer que les sujets dans l'espace politique sont institués par l'état civil imposé à la naissance. Ne pas s'en tenir à l'institution par l'état civil de deux catégories sexuées relève d'une obsession pour la « détermination biologique » qui est étrangère à une réflexion sur l'espace politique. Obsession largement partagée par les adversaires de la parité, le plus souvent au nom d'un républicanisme farouche. Obsession qui se donne maintenant à lire dans la promotion de « l'arrachement à la détermination biologique ». Or, avec la reconnaissance par la loi du droit des femmes à contrôler elles-mêmes leur fécondité, une femme, tout comme un homme, peut être considérée comme un « individu abstrait », dont la seule ligne de distinction passe par l'institution de l'état civil. Seule ligne de distinction qui justifie la revendication de la parité politique.

Si Beauvoir préconise « l'arrachement à la détermination biologique », c'est qu'elle a contribué à construire le corps des femmes asservi à l'espèce et à penser la libération en termes de technique et non en termes de politique. Le legs beauvoirien est donc difficilement susceptible de faire fructifier la libération des femmes de l'inégalité, notamment à l'égard de la représentation du peuple. Mais Beauvoir a pourtant écrit « ce n'est pas en tant que mère que les femmes ont conquis le bulletin de vote (1949, II : 389) ».

Il est possible que cette phrase doive être entendue comme une ultime occasion de clouer la maternité au pilori de la contingence. Je préfère souligner sa rare clairvoyance dans la revendication de l'heure. Les femmes ne pouvaient conquérir le bulletin de vote « en tant que mères » puisque c'est précisément l'assimilation de la femme et de la mère qui a permis, pendant des siècles, de les tenir à distance de l'espace politique, même après que fût proclamé que « tous les hommes naissent libres et égaux en droit ». La conquête du bulletin de vote n'a d'ailleurs pas permis aux femmes d'accéder aux mêmes droits civils que les hommes. Pour que toute inscription d'inégalité entre femmes et hommes disparaisse du texte de la loi, il a fallu attendre que leur soit reconnu le droit de contrôler elles-mêmes leur fécondité. Autrement dit, que soit représentable la désassimilation de la femme et de la mère. C'est chose faite depuis plus de vingt ans. La maternité, désormais libre, est aussi désormais étrangère à l'espace politique. Elle ne peut plus être utilisée contre l'accès des femmes à la citoyenneté. Y compris dans la représentation du peuple souverain. L'argument négatif de Beauvoir – « ce n'est pas en tant que mère que les femmes ont conquis le bulletin de vote » – nous fournit la possibilité de l'étayer. Du point de vue de l'universalité. Même si elle ne l'avait pas prévu. Mais n'est-ce pas cela la transmission, et qui plus est, une transmission en deux temps?

Note

1. Elle se situe dans le prolongement du texte « Maternité dans *Le Deuxième Sexe* : "ce n'est pas en tant que mère que les femmes ont conquis le bulletin de vote" » à paraître dans *Cinquantenaire du Deuxième Sexe*, sous la direction de Christine Delphy et Sylvie Chaperon, Paris, Syllepse.

LE DEUXIÈME SEXE ET LA PROSTITUTION : POUR REPENSER LA PROBLÉMATIQUE DANS UNE PERSPECTIVE FÉMINISTE

CÉCILE CODERRE ET COLETTE PARENT

La réflexion de Beauvoir sur le commerce des services sexuels émerge dans le cadre d'une décennie qui sera marquée par deux événements majeurs en ce qui concerne la prostitution. D'abord, le gouvernement français fait adopter en 1946 la loi Marthe Richard qui sanctionne la fermeture des maisons de tolérance, supprime l'enregistrement des prostituées auprès des services policiers et institue la répression du proxénétisme (Montreynaud 1989 : 346-347). Notons que cette initiative satisfait l'une des revendications féminines en France à cette époque (Chaperon 1996 : 244). Le pays rejoint alors la législation de plusieurs autres pays européens (Grande-Bretagne, Danemark et Pays-Bas) qui, en réponse aux campagnes de protestation contre toute réglementation associée à l'exploitation des femmes, avaient adopté à la fin du XIXe siècle une approche abolitionniste en matière de prostitution[1]. Ensuite, les Nations unies adoptent en 1949 la Convention pour la répression et l'abolition de la traite des êtres humains et de l'exploitation d'autrui en réponse aux pressions du mouvement abolitionniste international auquel participent de nombreuses organisations féminines[2] (Chaleil 1981 : 191-193).

On aurait pu aisément imaginer de Beauvoir parmi les militantes, mais elle ne se rallie pas à aux revendications féministes d'alors sur la prostitution, voire elle les critique cyniquement.

> N'étant spécialisées ni en politique, ni en économie, ni en aucune discipline technique, les vieilles dames n'ont sur la société aucune prise concrète; elles ignorent les problèmes que pose l'action; elles sont incapables d'élaborer aucun programme constructif. Leur morale est abstraite et formelle comme les impératifs de Kant; elles prononcent des interdits au lieu de chercher à découvrir les chemins du progrès; elle n'essaient pas de créer positivement des situations neuves; elles s'attaquent à ce qui est déjà afin d'en éliminer le mal; c'est ce qui explique que toujours elles se coalisent contre quelque chose : contre l'alcool, la prostitution, la pornographie; elles ne comprennent pas qu'un effort purement négatif est voué à l'insuccès, comme l'a prouvé en Amérique l'échec de la prohibition, en France celui de la loi qu'a fait voter Marthe Richard. Tant que la femme demeure une parasite, elle ne peut pas efficacement participer à l'élaboration d'un monde meilleur (Beauvoir 1949, II : 303).

Elle ne se réfère pas non plus à l'histoire et à la contribution de la pensée féministe sur la question de la prostitution; elle range celle-ci du côté de la morale des « vieilles dames ». En fait, sa réflexion ne porte pas sur la prostitution en soi mais sur la condition des prostituées; Beauvoir nous propose une analyse de la construction sociale de cette identité féminine et en dégage les points de convergence avec celle de la femme mariée.

Une relecture du chapitre « Prostituées et hétaïres », cinquante ans après sa parution, nous permet de redécouvrir son caractère novateur pour l'époque et de dégager la richesse aussi bien que les dimensions paradoxales de la pensée de Beauvoir sur la prostitution. Dans les années 70, les féministes puiseront à sa pensée pour analyser la problématique de la prostitution même si on ne reconnaîtra pas toujours son apport. Des prostituées françaises qui amorceront des luttes pour la reconnaissance de leurs droits s'en inspireront également.

La prostitution dans *Le Deuxième Sexe*

L'analyse que propose Simone de Beauvoir dans *Le Deuxième Sexe* se démarque de la conception dominante de la prostitution qui prévaut en Occident depuis la fin du XIXe siècle. À cette époque, rappelons-le, la prostitution fait figure de fléau social et la prostituée s'impose comme un personnage qui permet de canaliser les préoccupations d'ordre sanitaire et moral : ce moment marque l'émergence d'une nouvelle identité de la prostituée, celle de la fille publique, l'anti-image de la femme respectable.

Selon Walkowitz (1991 : 400), « la plupart des femmes considéraient la prostituée comme "l'Autre", dégradée, version sexualisée et avilie de la féminité domestique et maternelle ». Cette identité est renforcée par les lois et les politiques adoptées à cette époque et sert d'appui aux analyses des sciences sociales qui émergent alors. En criminologie[3], la prostituée est définie comme différente des autres femmes au niveau biologique, psychologique et/ou social. D'emblée, Beauvoir déconstruit cette conception, plus de vingt-cinq ans avant les premières critiques féministes en criminologie. Elle affirme sans détour :

> [...] on ne croit plus aujourd'hui à la théorie de Lombroso qui assimilait prostituées et criminels et qui voyait dans les uns et les autres des dégénérés [...]. Aucune fatalité héréditaire, aucune tare physiologique ne pèse sur elles (Beauvoir 1949, II : 431).

Mais plus encore, pour de Beauvoir, la prostituée n'est plus l'Autre, la femme dégénérée; elle rejoint la catégorie femme dans son ensemble. C'est par un jeu de symétrie entre la situation de la femme mariée et celle de la prostituée qu'elle en fait la démonstration[4]. Elle met en évidence que toutes deux partagent l'oppression des femmes, que leur destin réciproque est de se soumettre au désir sexuel des hommes : en somme, toute femme est constituée comme l'Autre, l'inessentielle par l'Un, par l'homme qui se définit lui-même comme sujet. La femme mariée est engagée à vie par un seul homme alors que la prostituée a plusieurs clients qui la paient à la pièce (*ibid.* : 430). Toutes deux sont soumises au *double standard* de moralité selon le sexe : les homme célèbrent la chasteté des femmes mais n'hésitent pas à les inciter à l'adultère; ils sollicitent les services des prostituées mais c'est sur ces dernières que le jugement moral s'abat, c'est elles qu'on désigne comme des débauchées, des dépravées, alors qu'on défend la respectabilité des clients (*ibid.* : 430). Toutes deux sont donc ravalées au statut d'objet et leur valeur dépend de leur corps; elles sont soumises aux ravages du temps : pour la femme mariée, « la coquetterie implique – comme les soins du ménage – une lutte contre le temps; car son corps aussi est un objet que la durée ronge » (*ibid.* : 450); pour l'hétaïre, « la beauté est un souci, c'est un trésor fragile; l'hétaïre dépend étroitement de son corps que le temps impitoyablement dégrade; c'est pour elle que la lutte contre le vieillissement prend l'aspect le plus dramatique » (*ibid.*).

Beauvoir note bien les changements dans les conditions des femmes à travers l'histoire : en 1949, elles peuvent chercher l'indépendance par le travail, mais elles demeurent encore et toujours subordonnées à l'autorité des hommes, soucieuses de leur plaire. Pour maintenir leur ascendant, ceux-ci peuvent compter sur leur supériorité économique, leur valeur sociale, le prestige du mariage, l'utilité de leur soutien. « Il s'ensuit que la femme se connaît et se choisit non en tant qu'elle existe pour soi mais telle que l'homme la définit [...] son être-pour-les-hommes est un des facteurs essentiels de sa condition concrète. » (Beauvoir 1949, I : 233-234).

C'est dans ce cadre limitatif que les prostituées, les hétaïres, comme les femmes mariées, peuvent lutter contre l'immanence, peuvent chercher à se poser comme sujets à travers l'action. Mais les espaces respectifs de liberté de ces femmes sont différents. La femme légitime est respectée, considérée comme une personne humaine, ce qui contribue à faire échec à l'oppression. La prostituée qui est traitée en paria n'a pas de droits mais conserve une dignité humaine dans le contre-univers qu'elle se construit avec ses collègues de travail.

> Elles se consolent aussi avec des femmes. [...] La complicité dont j'ai parlé et qui unit immédiatement les femmes existe plus fortement en ce cas qu'en aucun autre. Du fait que leurs rapports avec la moitié de l'humanité sont de nature commerciale, que l'ensemble de la société les traite en parias, les prostituées ont entre elles une étroite solidarité; [...] mais elles ont profondément besoin les unes des autres pour constituer un « contre-univers » où elles retrouvent leur dignité humaine (Beauvoir 1949, II : 439-440).

L'hétaïre, qui selon Beauvoir désigne une femme qui traite non seulement de son corps mais aussi de « [sa] personne tout entière comme un capital à exploiter » (*ibid.* : 466) puise également dans ce contre-univers pour avoir accès à la liberté :

> Qu'elle soit ou non homosexuelle, elle aura avec l'ensemble des femmes les rapports complexes dont j'ai parlé : elle a besoin d'elles comme juges et témoins, comme confidentes et complices, pour créer ce « contre-univers » que toute femme opprimée par l'homme réclame (*ibid.* : 452).

Mais l'hétaïre jouit d'une position beaucoup plus favorable à certains égards que les prostituées et les femmes mariées. En relatant l'histoire des femmes dans le tome I, Beauvoir signale la présence d'hétaïres dans la Grèce antique : artistes, intelligentes et cultivées, elles séduisaient les hommes. En marge de la société et de la famille, elles échappaient à l'autorité masculine et étaient vues comme presque égales à l'homme (Beauvoir 1949, I : 148). Aujourd'hui encore, selon Beauvoir, les hétaïres se distinguent par leur individualité, la réalisation d'elles-mêmes à travers le travail, la liberté d'esprit et le pouvoir financier. Aujourd'hui encore, elles jouissent d'une grande liberté d'action et d'esprit.

Simone de Beauvoir se distingue également de l'analyse traditionnelle en ce qu'elle ne porte pas de jugement moral sur les prostituées. Au contraire, elle considère que le commerce des services sexuels constitue un choix parfaitement rationnel pour beaucoup de femmes dans une société marquée par le chômage et la misère. Bien sûr, certaines femmes auraient pu choisir une autre occupation mais si tout autre travail accessible leur paraît pire, c'est vers la société qu'il faut se tourner[5]. Beauvoir (1949, II : 431) affirme en effet : « [...] ce métier est encore un de ceux qui paraît à beaucoup de femmes le moins rebutant. On demande : pourquoi l'a-t-elle choisi? La question est plutôt : pourquoi ne l'eût-elle pas choisi? ». Souvent, la seule autre option qui s'offre, c'est de servir comme domestique, au risque de devenir l'esclave sexuelle du maître de la maison : exploitées, traitées en objet, ces femmes gagnent des salaires de misère et n'ont aucun avenir. D'autres facteurs sociaux interviennent dans le choix de ces femmes. Pour gagner leur vie, les jeunes filles pauvres doivent souvent quitter leur coin natal; soustraites à la surveillance parentale, elles perdent du même coup la protection morale de leur famille. Qui plus est, dans les classes pauvres, on accorde moins de valeur à la virginité. Nombre de jeunes filles vont initialement se donner par amour ou par simple ignorance et par la suite être entraînées vers la prostitution. En somme, pour Beauvoir, ces femmes répondent à la demande sexuelle des hommes et sont bien intégrées à la société; contrairement à ce qu'on véhicule à leur sujet, elles ne manifestent pas d'immoralité héréditaire ou congénitale (*ibid.* : 243). Elle affirme même que ce n'est ni leur condition morale, ni leur condition psychologique, mais bien leurs conditions matérielles de vie qui assombrissent leur existence.

Mais l'apport de Beauvoir dépasse l'ajout de quelques éléments novateurs. Son analyse loge aussi et peut-être principalement à l'enseigne de la complexité et du paradoxe. D'abord, Beauvoir ne considère pas le phénomène de la prostitution comme unique, distinct, comme une exception scandaleuse dans le destin des femmes : elle l'appréhende plutôt comme corollaire du mariage et met en évidence les points communs comme les différences dans le destin de la femme mariée, de la prostituée et de l'hétaïre. Or, si le destin de la femme mariée est en pleine mutation, si le travail lui permet de se définir de plus en plus comme un être autonome, sa sexualité n'en demeure pas moins une sexualité instrumentale, au service de l'homme. Les fonctions de la femme dans le mariage, soit « entretenir la vie dans sa pure et identique généralité », l'empêchent d'échapper comme l'homme à l'immanence. Pour Beauvoir, tant que l'organisation sociale reposera sur la famille et la propriété privée, la femme ne pourra échapper à son destin traditionnel (1949, I : 139).

La prostituée n'a pas non plus accès à la liberté. Tout comme la femme mariée, elle est définie comme objet par le désir masculin; son destin, associé à une sexualité de service, la confine, comme la femme mariée, à un statut d'esclave. Les hétaïres, par contre, se créent...

> [...] paradoxalement [...] une situation presque équivalente à celle d'un homme; à partir de ce sexe qui les livre aux mâles comme objets, elles se retrouvent sujets. Non seulement elles gagnent leur vie comme les hommes, mais elles vivent dans une compagnie presque exclusivement masculine; libres de mœurs et de propos, elles peuvent s'élever [...] jusqu'à la plus rare liberté d'esprit (Beauvoir 1949, II : 447).

Par contre, très paradoxalement encore une fois, Beauvoir affirme que la prostituée, qui paraît la plus opprimée, l'est peut-être moins que l'hétaïre, car elle ne livre que son corps; l'hétaïre, dont le métier est de plaire, voit sa personne absorbée tout entière dans ce projet. D'ailleurs, l'hétaïre n'existe que par le triomphe que lui accorde l'homme; sa liberté n'ouvre pas à la transcendance.

Beauvoir introduit également la question du métier de la prostitution sous le signe de la complexité et du paradoxe. Pour elle, c'est un métier qui se pratique à partir d'un certain nombre de règles : les prostituées offrent des types spécifiques de services et en général maintiennent une distance professionnelle avec leurs clients. Ces sont des professionnelles des services sexuels. Elles distinguent les échanges sexuels professionnels et les étreintes amoureuses. Beauvoir rappelle que la prostituée réserve le baiser sur la bouche à son amant et lui communique ainsi sa tendresse de façon exclusive. C'est aussi un métier qui renvoie à des pratiques variées marquées par la hiérarchie; la prostitution ne concerne pas uniquement les femmes pauvres. Elle évoque la prostitution de survie bien sûr, mais aussi les activités des hétaïres, la traite des blanches comme autant de formes différentes de prostitution. C'est un métier plus avantageux pour les femmes pauvres que le travail domestique : elles sont payées pour leurs services. Par ailleurs, pour plusieurs d'entre elles, c'est un métier pénible : traitées en parias, elle sont littéralement ravalées à un statut de chose. Lorsque Beauvoir évoque la prostituée comme bouc émissaire, lorsqu'elle dit « qu'en elles se résument toutes les figures à la fois de l'esclavage féminin » (Beauvoir 1949, II : 430), il semble bien que c'est la prostituée de basse classe qu'elle évoque. Mais globalement, la prostitution n'est pas un métier comme les autres car il n'ouvre pas à la transcendance. Même si, paradoxalement, Beauvoir affirme que l'argent joue un rôle purificateur, qu'il abolit la lutte des sexes, les femmes qui associent ce métier à un autre, comme celui de danseuse, actrice, cantatrice, etc., peuvent échapper à la condition d'hétaïre, et la voie vers la liberté, vers la transcendance leur est alors ouverte. Selon Beauvoir (*ibid.* : 445), « il y a toujours eu entre la prostitution et l'art un passage incertain ».

Enfin, la réflexion de Beauvoir nous offre quelques pistes pour repenser la question de la sexualité même si, encore une fois, sa pensée loge à l'enseigne de la complexité, du paradoxe. Elle note, rappelons-le, que la sexualité prend une signification différente selon les classes sociales, que les prostituées distinguent services sexuels professionnels et échanges sexuels amoureux, que la prostitution peut être associée ou, tout au moins, peut mener vers l'art. Par contre, elle affirme qu'une relation sexuelle sans élan mutuel ne peut être que dégradante; que le sujet qui y consent commet une faute morale; que la prostitution ne constitue pas une voie qui permette aux femmes d'échapper à l'immanence, de se poser en sujets libres.

Dans l'ensemble, l'analyse de Beauvoir rompt sans équivoque avec la conception traditionnelle de la prostitution et avec la morale sexuelle victorienne. La moralité chez elle prend plutôt la forme d'une lutte contre l'immanence, de tension vers la transcendance. C'est à ce titre que la prostitution devient inacceptable. Mais, pour Beauvoir, les prostituées, comme les autres êtres humains qui sont constitués par les rapports sociaux, n'en sont pas moins en mesure de se réapproprier une certaine marge de liberté[6]. La dignité des personnes, leur constitution en sujets doivent être appréhendées à partir de ces différents niveaux. Elle offre donc un héritage fort riche qui va influencer la réflexion de nombre de féministes, surtout des féministes radicales, à partir des années 70, mais règle générale, les analyses les plus marquantes qui émergent à cette époque ne rendent pas compte du caractère complexe et paradoxal de la pensée de l'auteure du *Deuxième Sexe*.

Après Beauvoir : les féministes[7] et la question de la prostitution

D'entrée de jeu, dès les premières analyses des années 70, les féministes radicales suivent Beauvoir dans son refus de considérer la prostituée comme différente des autres femmes : nous sommes toutes sœurs dans l'oppression. L'idée que les prostituées appartiennent de plain-pied à la catégorie femmes et qu'elles partagent la destinée de l'ensemble des femmes est au centre de leur réflexion. Plus encore, la prostitution devient le symbole par excellence de l'oppression des femmes, de leur condition sociale comme catégorie de sexe. Millett, par exemple, affirme :

Il me semble que la prostitution est une espèce de paradigme, que c'est, en quelque sorte, le cœur même de la condition sociale féminine. Non seulement la sujétion de la femme y est ouvertement déclarée, et les rapports d'argent entre les sexes y sont annoncés en clair, chiffres à l'appui, au lieu de se dissimuler sous les clauses subtiles d'un contrat de mariage [...], mais l'acte même de la prostitution est en soi une déclaration de notre valeur, de notre réduction à l'état d'objets. Ce n'est pas son sexe que la prostituée est amenée à vendre, en réalité : c'est sa dégradation (1971 : 64).

Si la prostituée partage la destinée de l'ensemble des femmes, si sa sexualité en est une de service tout comme celle de la femme mariée, pour les féministes radicales, son sort est pire : elle est là, selon Millett (1971 : 59), pour nous rappeler combien nous sommes chanceuses, combien plus pénible pourrait être notre destinée. Mignard va encore plus loin : pour elle, les prostituées sont passées du côté de la mort[8]. Elle affirme :

Et parfois j'entends des femmes dire : on a tout à apprendre des prostituées, je n'arrive à le comprendre qu'ainsi : comme, englués dans la vie, on n'arrête pas d'espérer la transmission impossible du savoir de ceux qui sont passés du côté de la mort (1976 : 1541).

La prostituée, définie par Beauvoir en relation avec l'ensemble des femmes, reprend ici en quelque sorte un statut spécial, se pare à nouveau du manteau de la différence : elle prend la figure de l'oppression ultime, insoutenable... qui sert d'exemple à toutes.

À la suite de Beauvoir, les féministes radicales vont donc poser la prostitution comme une des institutions qui oppriment les femmes, mais bientôt la liste va inclure non seulement le mariage, la maternité, la prostitution, mais aussi le viol, le harcèlement sexuel, de sorte que le concept d'oppression va être remplacé par celui de victimation, de violence : de l'un à l'autre, une question de degré simplement. Dès les années 70, Atkinson affirme : « La prostitution fait partie des institutions comme la maternité, le viol, le mariage, le lesbianisme, qui oppriment les femmes » (1970 : 140).

Dans le cadre de ce développement théorique, la prostitution fait nécessairement figure d'exploitation, de contrainte, voire d'abus et d'esclavage : les auteures font référence à la prostitution de survie, au tourisme sexuel, à l'esclavage sexuel. Kathleen Barry, par exemple, propose de lutter contre l'esclavage sexuel, qui, selon elle, renvoie tout autant à la traite internationale des femmes qu'à la prostitution forcée des rues. Plus encore, pour Barry :

[...] l'esclavage sexuel des femmes est présent dans toutes les situations où les femmes et les jeunes filles ne peuvent changer leurs conditions d'existence dans l'immédiat; où, quelle que soit l'origine de leur servitude, elles ne peuvent plus y échapper; où elles sont soumises à des violences sexuelles et exploitées (1982 : 72).

Elle considère que la prostitution réglementée est de l'esclavage légitimé. Au centre de cet esclavage féminin, on retrouve le viol, que Barry définit comme un « crime politique de violence contre les femmes, un acte de puissance et de domination » (*ibid.* : 73). Ce crime touche autant la prostituée que la femme prisonnière dans sa maison de banlieue, la femme battue, l'enfant incestué; il rejoint donc les femmes dans leur ensemble et annule la distinction entre la madone et la putain (*ibid.* : 74). Au delà de l'oppression, la victimation sexuelle est définie comme le lot commun des femmes qui peuvent par contre lutter et réussir à troquer leur statut de victimes pour celui de survivantes[9]. La complexité de la problématique telle que développée par de Beauvoir cède le pas à une analyse univoque présentant les femmes comme étant entièrement soumises au terrorisme sexuel.

Par ailleurs, les féministes radicales en général vont suivre les traces de Beauvoir dans leur refus de condamner moralement les prostituées; plus encore, elles vont solliciter la participation de ces dernières et leur offrir un certain appui. L'ouvrage *La Partagée*, cosigné par une prostituée et une porte-parole du mouvement des femmes en France, témoigne de la solidarité et du dialogue qui a marqué leurs relations dans le cadre du mouvement de lutte amorcé par les prostituées elles-mêmes pour la reconnaissance de leurs droits dans la foulée du mouvement des femmes dans les années 70. Les auteures affirment alors :

> Ce livre est le résultat d'un dialogue entre deux femmes dont l'une a connu la prostitution. Il ne prétend pas apporter des réponses. Il prolonge seulement l'appel des femmes de Saint-Nizier qui réclamaient le droit d'être des femmes, la liberté de se prostituer et la liberté de quitter la prostitution sans être marquées à vie (Barbara et de Coninck 1977 : 7).

Kate Millett, de son côté, reconnaît les prostituées comme celles qui, les premières, sont aptes à discourir sur cette expérience de vie. Elle se demande si elle-même, comme intellectuelle, comme femme qui n'a jamais formellement vendu des services sexuels, a le droit de parler de cette question. Elle choisit de présenter une réflexion sur la prostitution à partir de quatre voix présentées en parallèle : le témoignage de deux prostituées, son analyse de même que celle d'une intervenante auprès des prostituées présentés côte à côte sur une même page. À ce titre, elle va plus loin que Beauvoir qui cite simplement le témoignage de quelques prostituées. Millett (1971 : 115) reconnaît d'ailleurs que la lutte contre la prostitution devra être menée par les prostituées elles-mêmes. Elle conçoit son rôle comme celui de catalysatrice. Atkinson (1971 : 142) appelle également à la participation des prostituées : « J'aurais voulu que des femmes "malhonnêtes" et des femmes "honnêtes" se rencontrent pour que ces femmes "honnêtes" descendent dans la rue aider leurs sœurs ».

Féministes et prostituées peuvent donc se retrouver côte à côte pour lutter contre les lois discriminatoires, contre le harcèlement policier, pour la reconnaissance de leurs droits civiques, etc. Mais pour les féministes radicales, il n'est pas question de reconnaître le commerce des services sexuels comme pratique légitime : la prostitution, qui constitue une forme de violence contre les femmes, ne saurait être considérée comme un métier. Mignard (1976 : 1536) affirme :

> Aucune légalisation ne changera la dignité des femmes prostituées en dignité de la prostitution, comme elle ne change pas la dignité des femmes mariées en dignité du devoir conjugal subi sans désir.

Pour les féministes radicales, il serait immoral de légitimer une pratique qui réifie les femmes[10]. Aussi, si elles reconnaissent les prostituées comme sujets, ce n'est pas à travers les espaces de liberté qu'elles réussissent à se donner dans le cadre de leur métier, mais plutôt à travers la lutte qu'elles mènent contre la prostitution. D'ailleurs, les liens entre les féministes radicales et les prostituées se tissent essentiellement par cette lutte : les analyses que les prostituées produisent sont lues avec les lunettes de la victimation et de l'aliénation et disqualifiées d'entrée de jeu comme simple reflet de leur sexualité aliénée. Même Beauvoir, qui renoue avec le mouvement des femmes au début des années 70 (Schwartzer 1972) et participe, entre autres, aux travaux du Tribunal international des crimes contre les femmes (1976), ne s'intéresse à la prostitution qu'amalgamée sous la rubrique générale de la violence faite aux femmes. Barry va encore plus loin et traite d'irresponsable toute femme qui choisirait de vendre des services sexuels (Pheterson 1989 : 20). L'héritage de Simone de Beauvoir s'estompe ici.

Toutes ne suivent pourtant pas cette tendance et Tabet discute du paradoxe de la prostitution dans son article « Du don au tarif ». D'un côté, selon Tabet, la prostitution marque le pôle extrême de la construction de la féminité comme aliénation :

> La définition en tant que femme vient de l'autre [...] un homme est disposé à te prendre, à payer pour toi, donc *tu existes, tu es une femme*. À des niveaux différents, il s'agit d'un fait quotidien que les femmes connaissent bien. Les prostituées le mettent à nu : en le poussant à fond, elles dévoilent, disent-elles, les règles du jeu social (1987: 35).

Et cette aliénation atteint son point ultime non pas parce qu'il y a paiement, mais parce que la prostituée se sent valorisée, renonce à son propre désir et intériorise son statut de marchandise. « Difficile d'aller plus loin que "le plaisir d'être choisie et achetée chaque jour" » (*ibid.* : 39). De l'autre côté, la sexualité de service des prostituées, devenue travail, identifiée à partir de gestes, de tarifs et d'un temps donné n'est plus sexualité. Le rapport se « décharne », se vide de son sens et la prostituée peut refuser de répondre aux fantasmes du client, peut refuser de prétendre à la relation intimement ressentie. Tabet (*ibid.* : 39) définit donc le rapport prostitutionnel comme un paradoxe « où se produisent, en une oscillation continuelle et peut-être jamais résolue, la révolte et l'aliénation, l'annulation de la sexualité telle qu'elle est imposée aux femmes et le comble de la sexualité féminine ». Plus encore, la prostituée peut à son tour transformer le client en objet, affirmer pour les femmes la possibilité d'une relation simplement physique. Ce faisant, elle profite à la fois de l'argent et de la sexualité du client. Tabet (*ibid.* : 39) affirme : « Dans ce renversement, les prostituées, d'objets, deviennent sujets, se posent comme sujets, même dans la matérialité des actes sexuels. »

Tabet nous met en garde contre le danger de ne lire la situation des prostituées qu'à travers leurs conditions sociologiques d'aliénation, de domination : nous risquerions de ne pas voir qu'au niveau du quotidien, elles peuvent se poser comme sujets de la sexualité, voire de la transaction économique. Ce faisant, elles transgressent les règles de la sexualité féminine comme service et en essuient la réprobation sociale. Tabet rejoint et dépasse ici l'analyse de Beauvoir : toutes les prostituées, et non seulement les hétaïres, peuvent accéder au statut de sujet. Mais notons que, pour Tabet, les prostituées ne peuvent accéder au statut de sujet que par opposition au client, alors ravalé au statut d'objet : ce n'est pas comme professionnelles qui offrent des services sexuels, ce n'est pas dans le cadre de l'exercice d'un métier comme les autres.

À l'opposé de la position féministe radicale, les regroupements de prostituées mettent l'accent sur leur statut de travailleuses, de sujets de droit. D'abord, à la suite de Beauvoir, elles affirment que les prostituées font partie de la catégorie des femmes, qu'elles partagent l'oppression de l'ensemble des femmes dans nos sociétés capitalistes patriarcales. Plus encore, les prostituées se considèrent comme des féministes en exil, des féministes qui ne sont pas acceptées dans le mouvement des femmes. Elles se définissent comme des féministes réalistes :

> Une prostituée est une féministe réaliste et non pas une féministe idéaliste, hypocrite, effacée, qui ne veut pas regarder en face les réalités de la vie, sa propre situation de négociation et d'échange dans le cadre du mariage, le fait

que l'homme est son frère et non son ennemi et le fait qu'elle a peur du sexe (Bell 1987 : 17, notre traduction).

Elles veulent que toutes celles qui vendent des services sexuels aient le droit de parole et soient respectées. En 1986, le Comité international pour les droits des prostituées demandait les mêmes droits pour ces travailleuses que pour tous les autres citoyens. La deuxième section de leur charte réclame l'octroi des droits humains suivants :

> Il faut assurer aux prostituées l'accès à l'ensemble des droits humains et des libertés civiles, y compris la liberté de parole, de déplacement, le droit à l'immigration, au travail, au mariage, à la maternité, à l'assurance-chômage, à l'assurance-santé et au logement (Pheterson 1989 : 40, notre traduction).

Les représentantes des regroupements de prostituées affirment que les prostituées ne sont ni des boucs émissaires, ni des victimes par excellence. Elles ne nient pas pour autant qu'elles soient victimisées à travers les lois, la répression policière, la violence de certains clients, la réprobation sociale. Mais elles affirment que la prostitution est un métier choisi par une majorité d'entre elles; cela ne signifie pas que ces femmes ont totale liberté et pouvoir de choisir, mais qu'elles en ont autant que n'importe quelle autre femme qui choisit un métier dans nos sociétés capitalistes patriarcales et racistes. Les dirigeantes de CORP (Canadian Organization for the Rights of Prostitutes) affirment :

> Aucune personne ne devrait être contrainte de faire ce qu'elle ne veut pas faire pour gagner sa vie, mais c'est une réalité qui s'impose. La plupart d'entre nous finissons par accepter des emplois dans le cadre desquels nous devons faire des compromis, alors nous avons fait un compromis : nous donnons tant d'heures dans notre journée (et nous avons choisi une des professions qui implique le moins d'heures de travail) pour telle rémunération, et nous avons choisi une des professions qui paient le mieux si on considère le nombre d'heures investies [...]. Nous croyons qu'aucune femme ne devrait être contrainte de travailler comme prostituée tout comme nous croyons qu'aucune femme ne devrait être contrainte d'être avocate ou médecin (Bell 1987 : 111, notre traduction).

Elles se désignent tour à tour comme des professionnelles du sexe, des nouvelles expertes du sexe, des éducatrices sexuelles, des guérisseuses.

Les regroupements de prostituées associent essentiellement leur aliénation à leur rejet juridique et social. Les prostituées, en effet, sont des femmes stigmatisées tant au niveau juridique, social, psychologique qu'idéologique (Pheterson 1989). Dans nombre de pays, elles ne peuvent solliciter un client, ni tenir une maison de prostitution, ne peuvent éduquer leurs enfants, ni habiter avec un partenaire sans qu'il risque d'être accusé de vivre des fruits de la prostitution; elles doivent s'enregistrer, subir des examens médicaux fréquents, etc. À cause des lois, elles perdent la liberté de voyager ou d'émigrer d'un endroit à l'autre; elles n'ont pas accès à l'assurance-chômage ou même, dans certains pays, à l'assurance-santé. Elles ne peuvent travailler en groupe et n'osent pas dénoncer les abus à leur égard par peur des poursuites juridiques.

Selon Pheterson (*ibid.* : 45), la stigmatisation dont souffrent les prostituées est surtout sociale. Elles représentent encore et toujours « l'Autre », celle à partir de qui se définit la « femme honnête ». Les analyses psychologiques dépeignent les prostituées comme des êtres tarés. « Le fait d'avoir plusieurs partenaires sexuels, et de se faire payer pour des relations sexuelles, est généralement considéré comme une preuve de la séparation névrotique du sexe et de l'amour chez la femme » (*ibid.* : 52). On peut certes, selon Pheterson, identifier des problèmes psychologiques chez les prostituées, on peut évoquer les besoins économiques ou encore la coercition pour expliquer leur choix; le problème, c'est de présupposer « qu'elles sont plus névrotiques, qu'elles ont davantage de besoins financiers (à cause de leur pauvreté ou de leur amour de l'argent) et sont plus contraintes dans leurs choix de vie que les autres femmes » (*ibid.* : 55). Cette approche ignore la diversité parmi les prostituées et la détresse de beaucoup de femmes qui choisissent le mariage. Ce type d'analyse rabaisse et isole les prostituées. Enfin, Pheterson souligne comment le point de vue des prostituées est marginalisé au sein même des organisations féministes et socialistes qui luttent pour la libération des femmes et des travailleurs. Beaucoup d'entre elles appuient les prostituées en préconisant l'abolition de leur travail. Elles ne sont pas prêtes à discuter ouvertement de cette question, et les prostituées ou ex-prostituées qui joignent leurs rangs ne peuvent partager leur histoire de vie sans subir une forme ou une autre de censure.

Malgré leur exclusion sociale, les prostituées ne se présentent pas moins comme des travailleuses du commerce des services sexuels, comme des professionnelles du sexe. Elles n'associent pas leurs services professionnels à l'expression de leur sexualité comme expérience intime et source de plaisir. Leurs activités professionnelles n'offrent pas l'image de la féminité par excellence, à savoir la définition de soi à partir du regard masculin, mais celle de la travailleuse. À ce titre, elles mettent à leur tour l'accent sur une dimension du paradoxe et s'opposent vigoureusement à l'analyse féministe radicale évoquée ci-dessus. Elles ne rejoignent pas l'analyse de Tabet non plus, en ce qu'elles s'affirment dans leurs gestes d'abord comme sujets professionnels et non comme sujets sexuels.

Nous retrouvons donc d'un côté une analyse qui privilégie la victimation des prostituées, qui conçoit leur destin comme le symbole même de la dégradation des femmes. Dans ce cadre, il y a place pour la lutte contre l'exploitation et contre l'institution de la prostitution; par contre, il y a peu de place pour toute forme de légitimation des activités et pour la possibilité d'acquérir de l'autonomie à l'intérieur de ce métier. Pour nombre de femmes qui ne veulent pas abandonner la prostitution, cela signifie qu'on refuse de les aider, d'une part, et qu'on ne peut les concevoir comme des sujets dans le cadre de ces pratiques, d'autre part. Certaines dimensions de l'analyse beauvoirienne sont laissées pour compte. De l'autre côté, on présente la prostituée comme sujet de droit, comme professionnelle du sexe. La victimation de la prostituée renvoie davantage à l'exclusion sociale et juridique dont elle est l'objet qu'à l'oppression des femmes. La lutte s'articule autour de la quête des droits civiques mais on met peu d'accent sur les dommages psychologiques associés à la prostitution, ou encore sur la contrainte économique brutale qui contraint des petites filles ou des femmes à des formes d'esclavage sexuel.

Dans le cadre de cette polarisation des positions, la prostituée demeure toujours en quelque sorte une victime, celle qui ne peut accéder pleinement au statut de sujet, à la transcendance. Bell propose d'adopter une approche postmoderne pour déconstruire l'image binaire de la prostituée (femme honnête/putain, victime/rebelle) et lui permettre d'accéder au statut de sujet. Selon cette auteure, les performances artistiques de certaines prostituées, les histoires de vie qu'elles mettent en scène, contestent les constructions hégémoniques de la prostituée; elles permettent de tisser des liens entre la prostituée sacrée de l'Antiquité et la prostituée militante contemporaine et d'assurer « la réunification du sacré et du profane dans le même corps féminin » (Bell 1994 : 137). Elle affirme :

> Donner un spectacle est un des moyens les plus efficaces pour celles qui ont été constituées par les autres en objets de désir et objets indésirables d'accéder au discours et de se donner simultanément une position de sujet à partir duquel interpeller le social. Celles qui, comme les prostituées, ont été définies comme étant à tout le moins obscènes et bâillonnées en tant qu'expression carnavalesque de l'interdit, peuvent se recréer en spectacle comme des témoignages vivants de résistance, de reconfiguration, de redéfinition, et se réapproprier le corps déviant de l'autre sexuel et de l'exclu social (*ibid.* : 138, notre traduction).

Les performances artistiques de ces prostituées se situent à la jonction de la vie et du théâtre, et déstabilisent les distinctions qui les caractérisent. Qui plus est, leurs textes constituent des *work in progress* qui fluctuent selon les moments et la réponse de l'auditoire. D'ailleurs, les spectateurs ne peuvent plus se réfugier dans le rôle passif de voyeurs d'un spectacle érotique, ils sont appelés à y participer. Ce théâtre postmoderne est marqué par la flexibilité, la discontinuité, le glissement (*ibid.* : 139). En se présentant sur scène, les prostituées se posent comme sujets et déconstruisent à la fois le discours de la femme comme l'Autre et celui de la prostituée comme femme obscène, femme perdue. Elles incarnent en même temps l'actrice, la femme érotique, l'intellectuelle, la critique ou l'analyste politique et sociale. Selon Bell, non seulement la prostituée « transgresse l'espace public et académique en y introduisant le pornographique et le burlesque, mais ce faisant, elle produit une nouvelle identité sociale, celle de la prostituée guérisseuse, déesse, professeure, militante politique et féministe, une nouvelle identité sociale dont la généalogie remonte à la prostituée sacrée » (*ibid.* : 184).

Tout comme Beauvoir, Bell réactive l'image de la prostituée sacrée, de l'hétaïre, et propose la voie de la performance artistique pour accéder au statut de sujet. Par contre, chez Beauvoir, on ne peut accéder à la transcendance qu'en quittant la prostitution pour un « vrai métier », que ce soit celui de chanteuse, actrice ou autre. Chez Bell, l'art sert de véhicule pour déconstruire les images stigmatisantes de la prostituée et pour la poser comme sujet à travers les spectacles érotiques eux-mêmes. Pour l'une, la prostitution renvoie à la sexualité domestiquée; pour l'autre, elle prend de multiples significations et les femmes qui travaillent dans l'industrie du sexe sont des sujets au sens fort du terme. Pour Beauvoir, les prostituées peuvent aussi être victimes d'exploitation, voire être réduites à l'esclavage; pour Bell, ces femmes secouent cette image symbolique de victimation et affirment leur puissance et leur autonomie.

La réflexion de Simone de Beauvoir sur la prostitution constitue une source d'inspiration pour réfléchir sur la question de la prostitution et qui alimente encore et toujours la polémique, tant dans les rangs féministes que parmi différents secteurs de la population. Elle a ouvert la voie à une réflexion sur cette question qui ne fait pas l'économie de la complexité et du paradoxe qui l'accompagnent. À la suite de Beauvoir, il nous apparaît essentiel de penser la question à partir des différents visages de la prostitution : de l'esclavage éhonté au pouvoir de l'hétaïre, en passant par la misère quotidienne ou encore les revendications féministes des prostituées. À travers ces différents visages, se profilent des sujets-femmes et non des symboles achevés de la subordination féminine. Au niveau des rapports sociaux entre les sexes,˒ les prostituées partagent le sort de l'ensemble des femmes; leur vie, dans le cadre d'une société patriarcale, est marquée structurellement tout comme celle de la femme mariée ou de tout autre groupe de femmes. Cela dit, si à la suite de Bell nous pouvons nous rallier à la nécessité de déconstruire l'image de la prostituée, il nous apparaît important de le faire tant en ce qui concerne la femme victime que la femme rebelle, toute-puissante. Nous ne saurions, comme Bell, prendre exclusivement en compte les images de puissance et d'autonomie de la prostituée et faire l'impasse sur les souffrances et l'exploitation qui marquent la vie de nombre d'entre elles. Nous ne saurions pas davantage limiter notre analyse à la dimension structurelle de la vie des prostituées, ignorant les espaces de liberté et d'autonomie qu'elles peuvent exploiter et les situations où elles se posent, comme l'a si bien indiqué Tabet, comme sujets de leur vie. C'est à ces conditions que nous pourrons peut-être dépasser la polarisation simplificatrice qui marque trop souvent les analyses sur cette question.

Notes

1. L'abolitionnisme n'a pas pour autant mis fin à l'exploitation des femmes œuvrant dans le commerce des services sexuels; il en a surtout changé les paramètres.

2. Le texte de cette Convention internationale est publié dans le numéro 8 de *Nouvelles Questions féministes* (1984), p. 144-150.

3. Pour une critique féministe de la conception de la prostitution dans la criminologie traditionnelle, voir Parent et Coderre (2000).

4. Le lecteur, la lectrice noteront les emprunts de Beauvoir à Engels sur la prostitution. Comme celui-ci, elle distingue la prostituée, issue de basse classe, de l'hétaïre qui évolue dans les milieux bourgeois. Tous deux voient dans la prostitution une institution qui maintient la suprématie masculine. Selon Engels :

    > L'hétaïrisme est une institution sociale tout comme une autre; il maintient l'antique liberté sexuelle... en faveur des hommes. Non seulement toléré en fait, il est condamné en paroles. En réalité cependant, cette réprobation n'atteint aucunement les partenaires masculins, mais seulement les femmes; on met celles-ci au ban de la société, on les repousse, afin de proclamer ainsi, une fois encore, comme loi fondamentale de la société, la suprématie inconditionnelle de l'homme sur le sexe féminin (1884 : 75).

5. Beauvoir justifie dans les mêmes termes le choix du mariage pour les femmes. Elle affirme que la morale traditionnelle enjoint la femme à se marier, à être entretenue par son époux. « Il est naturel qu'elle soit tentée par cette facilité, d'autant plus que les métiers féminins sont souvent ingrats et mal payés : le mariage est une carrière plus avantageuse que beaucoup d'autres » (1949, II : 16-17).

6. Voir à ce sujet l'analyse de Chaperon (1997 : 130).

7. Pour un exposé des positions féministes et des regroupements de prostituées sur la prostitution, voir Parent (1994).

8. Atkinson tient des propos semblables : « Pour les femmes "honnêtes" les prostituées sont des cadavres de victimes lynchées » (1970 : 143).

9. Mignard adopte une position similaire : « Viol, avortement, prostitution, je ne comprends pas que les réactions divergent à leur propos, alors qu'il s'agit de la même chose » (1976 : 1544).

10. Shaver (1994) identifie trois formes de moralisme face à la question de la prostitution : le moralisme traditionnel, qui associe la prostitution au péché, le moralisme féministe, qui lie pratiques prostitutionnelles et oppression des femmes, et le moralisme caché, qui dénonce la nuisance publique associée à la prostitution.

TROISIÈME PARTIE

UNE ŒUVRE TRANSVERSALE

ARGUMENTS POUR UNE TRANSCENDANCE
BEAUVOIRIENNE DE LA MÈRE

CAROLE NOËL

On trouve, dans les écrits de Simone de Beauvoir, des pistes qui nous permettent de penser, à l'encontre de maintes thèses, que la maternité peut être source de transcendance pour les femmes. En effet, j'avance l'hypothèse que Simone de Beauvoir ne refuse pas à la maternité tout potentiel de transcendance, mais qu'elle refuse de le lui concéder sans condition. Je constate plutôt que l'auteure s'est opposée au rôle et à la représentation de la maternité dans notre société, et pas à la maternité en soi. Selon elle, la maternité trouve sa valeur lorsqu'elle est vécue dans la liberté et la responsabilité. La maternité chez Beauvoir n'est donc pas transcendante en soi, contrairement à ce qu'ont voulu faire croire certains mythes patriarcaux. Beauvoir a voulu déconstruire la notion voulant que la femme puisse s'accomplir dans la maternité sans que cet événement n'ait fait l'objet d'une réflexion consciencieuse. Pour elle, la maternité n'est donc pas une transcendance donnée, mais une transcendance possible.

Jacques Zéphir explique ainsi le fait que l'auteure du *Deuxième Sexe* n'était pas nécessairement contre la maternité : « En somme, lorsque Simone de Beauvoir semble s'opposer à la maternité, elle s'oppose surtout à la société qui veut en faire la *raison d'être* de la femme » (1982 : 79).

Beauvoir, écrit-il, peut reconnaître la maternité comme un projet valide, mais ne peut pas accepter que les femmes se sentent justifiées dans leur immanence. Par exemple, il est déplorable, selon elle, que la maternité vécue dans l'immanence ait constitué, pendant longtemps, la contribution civique des femmes, procréatrices de la nation. Au contraire, la procréation n'a de sens, pour Beauvoir, que si la mère attribue elle-même un sens à la vie : « Certes, l'enfant est une entreprise à laquelle on peut valablement se destiner; mais plus qu'aucune autre elle ne représente de justification toute faite; et il faut qu'elle soit voulue pour elle-même, non pour d'hypothétiques bénéfices » (Beauvoir 1949, II : 385).

Pour Beauvoir, tout projet, incluant celui de la maternité, est potentiellement transcendant puisque la transcendance est déterminée par l'attitude du sujet envers son projet : « Grossesse et maternité seront vécues de manière très différentes selon qu'elles se déroulent dans la révolte, dans la résignation, la satisfaction et l'enthousiasme » (*ibid.*). En adoptant cette position, Beauvoir renvoie le sujet à la réappropriation de sa situation. En d'autres mots, lorsque la femme s'approprie sa grossesse, qu'elle la considère comme un projet, elle rend alors sa maternité transcendante. Ce sont le choix et la responsabilité de la mère envers sa maternité qui sont donc les véritables facteurs de son potentiel de transcendance.

Je crois que la promotion des moyens de contraception et du droit à l'avortement que suggère l'auteure renvoient à la valeur, pratique et symbolique, qu'elle accorde au choix. Mon propos a pour but de relativiser le discours des analystes qui ont traduit la pensée beauvoirienne par un rejet de la maternité. Pour ce faire, je propose une lecture du *Deuxième Sexe* qui mette en évidence la philosophie existentialiste de l'auteure et sa conviction quant à la primauté de l'individualisme et de la liberté.

À travers son œuvre, Simone de Beauvoir s'est interrogée sur la liberté. *Le Deuxième Sexe*, qui trace le portrait sociopolitique des femmes jusqu'en 1949, s'inscrit dans cette perspective. C'est dans le contexte du questionnement de l'auteure – et du mien – sur la liberté que j'ai donc choisi de lire le chapitre sur la mère, en tentant d'y repérer des passages qui permettent de dégager une position beauvoirienne sur la maternité qui rende compte de la complexité de ce chapitre, voire de l'œuvre de l'auteure à cet égard. Au-delà des accusations des activistes et des critiques des penseures féministes qui n'ont lu dans *Le Deuxième Sexe* qu'une promotion de la « grève des ventres » proposée par celle qui voulait « tuer la maternité », qu'a dit Simone de Beauvoir de la conjugaison de la liberté et de la maternité?

Il apparaît difficile de concevoir comment Simone de Beauvoir aurait pu adopter une position sur la maternité qui propose l'impossibilité définitive d'une transcendance, donc d'une liberté, pour la femme qui devient mère. Une telle position se situerait à l'encontre de sa philosophie de base, à savoir que dans l'action libre d'un sujet libre il existe, par définition, une possibilité de transcendance. Je tenterai de démontrer que la maternité n'échappe pas à ce raisonnement dans la pensée de l'auteure. Posée en des termes plus spécifiques, la question devient donc : Est-ce que la maternité peut être un véhicule de transcendance? C'est une des questions que se pose Beauvoir, indirectement, dans le chapitre sur la mère. Ce faisant, elle remet en question la valeur de la maternité et de la mère, telles que nous les avons traditionnellement comprises, à une époque où celles-ci étaient sanctifiées dans la culture patriarcale par le biais des institutions de la famille, de l'Église et de l'État. Il va sans dire que la publication de sa réflexion, en 1949, causa un choc et suscita par la suite maints commentaires.

Pour répondre à la question posée, j'ai procédé à la lecture du *Deuxième Sexe* et de *Pour une morale de l'ambiguïté* en tenant compte également de l'autobiographie de Simone de Beauvoir afin d'y saisir certains éléments qui nous permettent de situer le chapitre sur la mère plus généralement dans le contexte intellectuel dans lequel a vécu l'auteure. À cet égard, Toril Moi (1990, 1994, 1995), spécialiste des textes beauvoiriens, conforte cette démarche :

> Il ne s'agit pas de traiter un texte donné comme la signification implicite d'un autre, mais plutôt de les confronter les uns par rapport aux autres afin de faire ressortir leurs différences, leurs contradictions et leurs similarités (Moi 1995 : 5).

Il me paraît nécessaire de lire *Le Deuxième Sexe* (1949) à la lumière de *Pour une morale de l'ambiguïté* (1947), d'une part parce que les deux ouvrages ont été publiés à deux ans d'intervalle; d'autre part, cette méthode de lecture est privilégiée parce que *Le Deuxième Sexe* est d'abord un exposé d'ordre plutôt sociopolitique dans lequel les positions philosophiques de l'auteure ne sont pas toujours explicites, compte tenu du fait que *Le Deuxième Sexe* constitue d'abord un exercice de description des situations. Cela a potentiellement contribué au fait que l'on ait attribué à ses phrases célèbres, qui ont choqué toute une génération, une qualité de vérité essentielle, alors qu'elles représentaient une vérité conjoncturelle. C'est dans *Pour une morale de l'ambiguïté*, son œuvre philosophique, que Beauvoir explique et défend son existentialisme. Il importe donc d'étudier, à la source dans *Pour une morale de l'ambiguïté*, les références existentialistes que l'on retrouve dans *Le Deuxième Sexe* pour en saisir la portée philosophique.

Suite à cette étude comparative des textes, je pose l'hypothèse voulant que la fatalité d'une maternité contingente n'est pas incontournable dans l'œuvre de Simone de Beauvoir. Puisque, dans *Pour une morale de l'ambiguïté*, la transcendance se reflète dans la conscientisation et dans la responsabilisation de l'action choisie plutôt que dans la certitude que cette action n'engagera le corps d'aucune façon, les passages du *Deuxième Sexe* qui relèguent la femme à la domesticité répétitive et non transcendante peuvent être relativisés.

La maternité dans *Le Deuxième Sexe*

Dans le chapitre sur la mère, on remarque d'emblée que Simone de Beauvoir refuse à la maternité toute « divinisation »; elle choisit plutôt de l'« objectifier » afin de mieux en comprendre le phénomène social. Sans être neutres, les positions de Beauvoir sur la maternité participent à la démystification de l'expérience maternelle. Son mérite est d'avoir placé la maternité dans un contexte critique qui lui a permis de rompre avec les endoctrinements qui prévalaient à son égard.

L'objectif du *Deuxième Sexe* était double. D'une part, Beauvoir voulait contribuer à l'avancement des connaissances en expliquant et en théorisant l'oppression des femmes depuis l'avènement du patriarcat; d'autre part, l'auteure désirait montrer aux femmes « le monde tel qu'il leur est proposé » (1949, I : 32) en vue de susciter chez elles une prise de conscience. *Le Deuxième Sexe* montre la condition d'oppression des femmes, prises dans des activités routinières, physiques et domestiques, dans laquelle la maternité a une place prépondérante. Selon Beauvoir, ces activités font partie du domaine de l'immanence, c'est-à-dire qu'elles n'offrent pas de possibilité de dépassement de soi (1949, II : 61). Ce deuxième objectif du *Deuxième Sexe* soutient l'hypothèse selon laquelle il est possible d'interpréter les positions de Beauvoir sur la maternité d'une manière moins radicale, plus nuancée, puisque ce serait sa volonté de persuasion qui donnerait une vision aussi catégorique aux passages sur la maternité. Ce ton catégorique n'est pas nécessairement celui que la réflexion philosophique inspire à Beauvoir. L'auteure visait à convaincre les femmes de la valeur de l'indépendance, sous ses formes économique, politique et sexuelle, et des moyens pour y parvenir, par exemple, refuser les poids culturel, domestique et économique de la maternité.

Mes adversaires créèrent et entretinrent autour du *Deuxième Sexe* de nombreux malentendus. On m'attaqua surtout sur le chapitre de la maternité [...]. J'aurais refusé toute valeur au sentiment maternel et à l'amour : non. J'ai demandé que la femme les vécût en vérité et librement alors que souvent ils lui servent d'alibi [...] (Beauvoir 1963 : 265-266).

Il serait faux d'avancer que l'auteure ait voulu « tuer la maternité », c'est-à-dire convaincre les femmes de cesser de devenir mères. Plutôt que d'en proposer la « grève », Simone de Beauvoir considère que le sens de la grossesse et de la maternité est différemment interprétable selon la manière dont ces situations sont vécues.

Il en ressort que la position de Simone de Beauvoir est moins anti-maternité que pro-liberté. La maternité ne serait pas un mal en soi, mais présente un danger potentiel de perte de liberté pour l'individu. Dans *Pour une morale de l'ambiguïté*, et lorsqu'elle utilise des arguments existentialistes dans *Le Deuxième Sexe*, elle avance que la transcendance est atteinte par les individus qui acceptent la responsabilisation de leurs actes, ce qu'elle appelle aussi la liberté morale. Cette avenue laisse une plus grande marge de manœuvre pour penser la maternité libre.

Pour une morale de l'ambiguïté

Dans *Pour une morale de l'ambiguïté*, Simone de Beauvoir affirme que la liberté est transcendantale, *a priori*, et que tous les individus en sont porteurs. L'existentialisme est fondé sur cette liberté, qui est considérée comme la seule donnée. Toutefois, sous sa forme stagnante, cette donnée n'équivaut qu'à la liberté négative. Pour que la liberté ait une résonnance sociopolitique – positive –, elle doit faire partie intégrante de la vie et des choix. Cette liberté positive se gagne par l'effort déployé pour la reconquérir constamment puisque la liberté qui nous est donnée, et dont on ne peut se défaire (liberté négative), est toujours à transformer en choisissant des projets (liberté positive). La transcendance consiste donc en ce dépassement de sa liberté vers d'autres libertés à travers les projets que l'on se donne. Beauvoir explique que le choix des projets est le moment qui consacre la transcendance du sujet et que la justification de ses choix est, pour l'individu, une tâche perpétuelle puisque la justification devient elle-même transcendance en consacrant à nouveau ses choix initiaux. La liberté et le choix qui sont donnés à l'homme *a priori* ne lui appartiennent d'abord que dans la contingence. Ce ne sont que transposés dans une action que cette liberté et ces choix sont véhicules de transcendance.

La transcendance est donc beaucoup plus dépendante du processus que du contenu. Le choix du contenu du projet est moins important que la façon dont les sujets choisissent leurs projets et les assument. En ce sens, la maternité, même si elle est, par définition, corporelle, est une activité potentiellement transcendante à partir du moment où la mère sait justifier ce projet. D'ailleurs, pour Beauvoir, c'est en nous – et nulle part ailleurs – qu'on trouve la justification de nos actions : « [...] jamais mon projet n'est fondé, il se fonde [...] » (1947 : 37). La justification ne constitue pas qu'un moment du projet, elle doit être constante puisque ce qui importe dans l'action, c'est de ne pas en perdre de vue la fin : « [...] une vie ne se justifie que si son effort pour se perpétuer est intégré dans son dépassement, et si ce dépassement n'a d'autres limites que celles que le sujet s'assigne lui-même » (*ibid.* : 120). En d'autres mots, un projet choisi est un projet justifié. Beauvoir explique comment assumer positivement son projet de manière à ce qu'il conduise à la transcendance : puisque le projet vise l'absolu et ne l'atteint jamais, la justification de ce projet doit être continuellement réaffirmée, car c'est justement ce processus du projet qui est l'absolu et non le projet lui-même. Cependant, bien que l'universel existentialiste n'ait pas de contenu fixe, il n'est pas vide pour autant : c'est le processus qui sert de contenu. En effet, le principe universel existentialiste est la liberté, qui n'est pas une donnée fixe, mais une donnée du processus puisqu'elle se transforme toujours en liberté positive. C'est dans cette liberté du sujet, entendue comme son existence à travers ses projets et ses actions, que réside l'universalité existentialiste. Cette transcendance que Beauvoir propose dans *Pour une morale de l'ambiguïté* se réalise, contrairement à celle décrite dans *Le Deuxième Sexe*, avec l'aide du corps comme catalyseur de l'élan dont l'individu a besoin pour se projeter hors de la contingence et dans le processus de la transcendance.

Deux définitions de la contingence

La différence entre la transcendance décrite dans *Pour une morale de l'ambiguïté* – à laquelle le corps non seulement participe mais est nécessaire – et celle qui rejette l'engagement du corps tel que l'on retrouve dans *Le Deuxième Sexe* repose sur deux définitions différentes de la contingence. Le constat de cette distinction est à la base même de mon hypothèse.

Simone de Beauvoir propose des explications différentes de la dichotomie moderne du corps et de l'esprit dans *Le Deuxième Sexe* et dans *Pour une morale de l'ambiguïté*. Alors que, dans *Le Deuxième Sexe*, elle favorise la structuration de l'« animalité » en rapport avec l'« universel », dans *Pour une morale de l'ambiguïté*, elle propose le rapport du « contingent » avec l'« Être ». D'une part, l'« animalité » est déjà beaucoup plus spécifique que le « contingent ». L'animalité est *une* des formes que peut prendre le contingent. D'autre part, l'universel dans *Le Deuxième Sexe* est compris comme l'état pur de la transcendance achevée de l'individu qui s'extrait de son corps, tandis que l'« Être » dans *Pour une morale de l'ambiguïté* renvoie au moment de l'« inatteignable[1] ». Il nous apparaît que le processus décrit dans *Pour une morale de l'ambiguïté* laisse plus de place à une analyse sociopolitique par l'espace – l'ambiguïté – laissé aux nuances. L'utilisation de l'une ou l'autre des explications de la contingence a donc des conséquences différentes pour la maternité.

Les analystes du *Deuxième Sexe* ont souvent conclu que la maternité ne peut y être considérée comme un projet, l'œuvre étant construite à partir d'une définition de l'universalisme qui doit être désincarné. Tous s'entendent pour dire que Beauvoir y montre la contingence du corps des femmes. Par exemple, elle illustre que les menstruations et le pouvoir de procréation des femmes sont particulièrement aliénants parce qu'ils ne relèvent pas de leur individualité ou de leur choix. Elle pose le corps féminin comme une source d'asservissement pour la femme et en montre le caractère rebelle : « [...] la femme, comme l'homme, est son corps : mais son corps est autre chose qu'elle » (1949, I : 67). Elle appuie ce constat sur les faits suivants : d'une part, ce corps possède en lui ce risque de la maternité; d'autre part, les tenants du patriarcat ont construit autour de lui des mythes transformés en pratiques sociales opprimant le vécu des femmes en les empêchant d'être des sujets de droit et de liberté. Ce serait parce que le corps des femmes interpelle constamment l'« objectitude » qu'il constitue une entrave à leur potentiel de transcendance.

Il existe cependant des passages de l'œuvre de Beauvoir, dans *Le Deuxième Sexe* même, qui permettent de relativiser ces propos de l'auteure, ce qui montre que sa thèse à l'égard de la contingence de la femme n'est pas si tranchée que nous aurions pu le croire de prime abord. Premièrement, l'argument voulant que l'aspect animal de la maternité l'empêche d'être une activité transcendante peut être repris pour empêcher la transcendance de tous les êtres humains, tous nés de ventres humains, ayant donc tous été créés par un processus de la chair[2]. La maladie, la vieillesse, la mort renvoient constamment les hommes comme les femmes à leurs origines animales. Deuxièmement, Simone de Beauvoir avoue que le corps n'est qu'une variable parmi d'autres pour mesurer le potentiel de transcendance. Elle explique que son corps saura montrer à la femme ses différents aspects, d'un obstacle majeur à un outil complice :

L'asservissement de la femme à l'espèce, les limites de ses capacités individuelles sont des faits d'une extrême importance; le corps de la femme est *un* des éléments de la situation qu'elle occupe en ce monde. Mais ce n'est pas non plus lui qui suffit à la définir; il n'a de réalité vécue qu'en tant qu'assumé par la conscience à travers des actions et au sein d'une société [...] (Beauvoir 1949, I : 77, je souligne).

Le concept de la contingence dans *Pour une morale de l'ambiguïté* n'emprunte pas, lui, l'image du corps humain. Il n'est pas défini en des termes physiologiques, mais plutôt dans une optique morale : la contingence constitue l'état de « stagnance » dans lequel baigne le sujet lâche qui ne s'engage pas dans des projets et qui n'effectue pas ce travail d'élan vers la transcendance. Cet état de stagnation dans la liberté négative doit plutôt être utilisé en tension avec la liberté positive dans la création ambiguë de l'existence, dans la création de projets. La contingence morale est une situation mouvante contrairement à la contingence animale qui ne peut modifier sa nature biologique.

Cette articulation particulière entre la contingence et l'universel, ce jeu, se nomme l'ambiguïté. La contingence ou l'« objectitude » est un moment nécessaire du processus de la transcendance, car il est le lieu d'où émerge l'élan vers le projet. L'ambiguïté est donc cet entre-deux constant entre la contingence et l'universalisme qui permet à l'existentialisme de Beauvoir d'avoir une portée sociopolitique. Dans *Pour une morale de l'ambiguïté*, il est possible de sortir, par sa propre volonté, de cette contingence morale en exerçant sa liberté positive, en choisissant des projets.

Pour une morale de l'ambiguïté fournit une explication de la modernité plus flexible, plus vivante, plus ancrée dans le monde à travers le concept de l'action libre. Si Simone de Beauvoir semble suggérer dans *Le Deuxième Sexe* que l'élimination du corps est nécessaire pour atteindre l'universel, elle explique au contraire dans *Pour une morale de l'ambiguïté* que l'atteinte de l'universel est impossible : s'il est atteint, c'est qu'il n'y a plus d'existence puisque celle-ci naît et dépend de la tension entre la contingence et l'universel. L'action se veut l'expression de l'ambiguïté, du moment transitoire. La transcendance de cette action pourra également être maintenue en vie par une justification perpétuelle d'une action passée, ce qui devient intéressant dans le cas de la maternité.

La contingence a donc deux images chez Simone de Beauvoir. La contingence animale signifie être pris dans son corps. Le corps est ressenti comme une prison, un poids qui nous empêche de joindre la transcendance. La contingence morale est la lâcheté, la paresse, l'inertie. *Pour une morale de l'ambiguïté* explique que la contingence n'est pas nécessairement animale. Dans cet ouvrage, Simone de Beauvoir explique que la contingence est d'abord et surtout une situation morale. Dans le cadre d'une telle interprétation, les chances d'une maternité transcendante ne sont pas déniées. L'importance de son caractère animal est diminuée par un vécu positif, c'est-à-dire un vécu qui désire dévoiler l'être par les actions qu'il est en mesure de justifier.

Le projet porteur de liberté dans l'action choisie

Pour Simone de Beauvoir, accepter la responsabilité de ses actes est plus important encore que les intentions initiales de ses actes. C'est une idée qu'elle partageait d'ailleurs avec Maurice Merleau-Ponty qui insistait sur le moment de la responsabilité et de la justification du choix dans l'action.

> La réalité objective de nos actes nous échappe, disait-il, mais c'est sur elle qu'on nous juge et non sur nos intentions; bien qu'il soit incapable de la prévoir exactement, l'homme politique l'assume dès l'instant où il décide et il n'a pas le droit de jamais s'en laver les mains (Beauvoir 1963, I : 152).

Pour Beauvoir, comme pour Merleau-Ponty, la justification de l'action, l'« après-action », est plus importante que les intentions et que le processus suivi pour en arriver à cette action. En ce sens, la transcendance est trouvée dans le moment, mais peut également être recyclée dans des actes passés si l'on parvient encore à les justifier à ses propres yeux.

> Il [Merleau-Ponty] subordonnait la morale à l'histoire, beaucoup plus résolument qu'aucun existentialiste ne l'avait jamais fait. Nous sautâmes ce pas avec lui, conscients – sans en être encore détachés – que le moralisme était la dernière citadelle de l'idéalisme bourgeois (*ibid.*).

En fin d'analyse, je considère que le chapitre sur la mère dans *Le Deuxième Sexe* n'est pas concluant et que la position de Simone de Beauvoir sur la possibilité de transcendance dans la maternité dans cet ouvrage demeure ouverte au débat. J'ai voulu montrer, de plus, que la philosophie existentialiste de l'auteure, telle qu'on la retrouve principalement dans *Pour une morale de l'ambiguïté*, permet de douter de la validité de l'évaluation des critiques qui prétendent que Simone de Beauvoir est catégoriquement contre la maternité. Après avoir lu le chapitre sur la mère dans le contexte plus large de l'œuvre beauvoirienne, il m'apparaît que certaines nuances s'imposent à l'égard de la position de l'auteure sur la maternité.

Notes

1. Le moment de l'*inatteignable* est ce moment qui est nécessaire au processus de l'existence – ou de la transcendance – et qui implique un retour constant à la justification.

2. Voir les propos de Montherlant que Simone de Beauvoir utilise à l'appui dans la section « Les Mythes » du premier tome du *Deuxième Sexe*, p. 320-353.

MODERNITÉ DE SIMONE DE BEAUVOIR
OU LA DIALECTIQUE D'UN ENGAGEMENT

FRANÇOISE RÉTIF

Le Deuxième Sexe a été écrit il y a cinquante ans. Et il est toujours d'actualité. Cependant, je pense qu'il est grand temps de replacer *Le Deuxième Sexe* au sein de l'œuvre complète, c'est-à-dire de considérer cet ouvrage dans le rapport *dialectique* qu'il entretient avec les autres œuvres, ou bien, en d'autres termes, de ne pas oublier que Simone de Beauvoir fut également, entre autres, la créatrice d'œuvres de fiction, dont on ne parle pas assez et qui sont moins connues (il suffit de comparer le nombre considérable d'études publiées sur *Le Deuxième Sexe* à celui, beaucoup plus modeste, prenant en considération l'œuvre complète); bref, je crois qu'il est temps d'affirmer que Simone de Beauvoir est aussi un *écrivain engagé* quand elle écrit *Les Mandarins*, *Le Sang des autres*, *Une mort très douce*, *La Femme rompue*, etc.

Dans *La Force des choses*, Beauvoir souligne elle-même la diversité de son œuvre :

> D'une manière générale, je suis dans mes essais trop tranchante, m'ont dit certains: un ton plus mesuré convaincrait davantage. Je ne le crois pas. Si on veut faire éclater des baudruches il ne faut pas les flatter mais y mettre les ongles. Il ne m'intéresse pas de recourir à des appels au cœur quand j'estime

avoir la vérité pour moi. Dans mes romans pourtant, je m'attache à des nuances, à des ambiguïtés. C'est qu'alors mon propos est différent. L'existence [...] ne se réduit pas en idées, elle ne se laisse pas énoncer: on ne peut que l'évoquer à travers un objet imaginaire; il faut alors en ressaisir le jaillissement, les tournoiements, les contradictions. Mes essais reflètent mes options pratiques et mes certitudes intellectuelles; mes romans, l'étonnement où me jette, en gros et dans ses détails, notre condition humaine. Ils correspondent à deux ordres d'expérience qu'on ne saurait communiquer de la même manière. Les unes et les autres ont pour moi autant d'importance et d'authenticité; je ne me reconnais pas moins dans *le Deuxième Sexe* que dans *les Mandarins*; et inversement. Si je me suis exprimée sur deux registres, c'est que cette diversité m'était nécessaire (1963, I : 342).

L'idée était la même dans *La Force de l'âge* :

[...] pour comprendre d'après son œuvre la personnalité vivante d'un auteur, il faut se donner beaucoup de peine. Quant à lui, la tâche dans laquelle il s'engage est infinie, car chacun de ses livres en dit trop et trop peu. Qu'il se répète ou se corrige pendant des dizaines d'années, il ne réussira jamais à capter sur le papier, non plus que dans sa chair et son cœur, la réalité innombrable qui l'investit. Souvent l'effort qu'il fait pour s'en approcher constitue, à l'intérieur de l'œuvre, une espèce de dialectique; dans mon cas, elle apparaît clairement (1960, I : 700).

On le voit, Beauvoir revendique la nécessité des deux registres, le besoin d'être tranchante et d'être ambiguë, c'est-à-dire, en d'autres termes, le droit d'être double, voire multiple, le refus d'être réduite à telle ou telle image dans laquelle on n'a cessé de l'enfermer, ou de n'être l'auteure que d'une seule œuvre, *Le Deuxième Sexe*, par exemple. La spécificité (ou l'une des spécificités) de l'écrivaine Simone de Beauvoir, c'est d'être toujours ailleurs que là où on cherche à la fixer, toujours en mouvement dans l'entre-deux, entre des impératifs que, dans son mouvement même, elle cherche à concilier; ce qui caractérise son œuvre, c'est cette *tension* (Rétif 1989) entre la nécessité de dire ses certitudes et la conscience que la vie ne peut être réduite à ces certitudes; la tension entre la réalité telle qu'elle est et la réalité telle qu'elle la désire, en d'autres termes entre la réalité et l'utopie; la tension, enfin, entre la nécessité de l'engagement et la conscience des limites de l'engagement ou d'un certain engagement.

On m'objectera que ce sont là ses propos, et l'on sait avec quelle prudence il faut considérer les affirmations d'un auteur sur son œuvre. Mais cette tension, on peut en constater l'existence objective, on la trouve partout à l'œuvre dans ses écrits, parfois à l'intérieur d'une œuvre, et plus encore d'une œuvre à l'autre, dans cette dialectique qui à la fois *lie et oppose* les œuvres les unes aux autres – une dialectique qui ne connaît d'autre synthèse que l'ensemble des ouvrages qui constitue l'œuvre complète telle que Beauvoir l'a voulue.

Pour illustrer cette tension, je ne prendrai ici que deux exemples : d'une part, la fin de chacun des deux tomes du *Deuxième Sexe* et ce que j'appellerai la méfiance et la tentation de l'anticipation utopique; d'autre part, la conception de l'autre, telle qu'elle est reçue et telle qu'elle est réinventée, dans les œuvres de fiction en particulier.

L'anticipation utopique

Le Deuxième Sexe est formé de deux tomes, l'un intitulé *Les faits et les mythes*, l'autre, *L'expérience vécue*. En prenant des perspectives différentes, Beauvoir s'en tient toujours – et c'est là son propos – à la *description* des choses telles qu'elles sont, et non telles qu'elles devraient être[1]. Mais de façon remarquable, chacun des tomes s'achève par une ouverture sur l'avenir : à la fin de la partie sur les mythes, Beauvoir remarque qu'il existe, du moins à cette époque (on se souvient qu'on est en 1949, et qu'elle fait donc preuve d'une clairvoyance extraordinaire), une incompatibilité fort regrettable entre le nouveau rôle (professionnel, social, politique) que prétend jouer la femme dans la vie publique et l'être passif, « la proie charnelle » (Beauvoir 1949, I : 394) qu'elle doit incarner, semble devoir continuer d'incarner, pour que l'homme la désire. Cela est la constatation d'un fait; Beauvoir envisage toutefois, dans un second temps, qu'une femme puisse être « libérée » *et* désirable (pour l'homme), désirable en tant que femme libérée, c'est-à-dire que de nouvelles formes d'érotisme puissent être découvertes :

> Il est très possible que sur ce point la sensibilité, la sexualité même des hommes se modifie. [...] Saisir à la fois la femme comme un personnage social et comme une proie charnelle peut être troublant [...] qu'une femme exerce un « office viril » et soit en même temps désirable, ça a été longtemps un thème de plaisanteries plus ou moins graveleuse; peu à peu le scandale et l'ironie se sont émoussés et il semble qu'une nouvelle forme d'érotisme soit en train de naître : peut-être engendrera-t-elle de nouveaux mythes (*ibid.* : 407).

Beauvoir se laisse aller ici, on le voit, à une forme d'anticipation utopique – pour se reprendre, l'instant d'après, en réaffirmant la nécessité de parvenir, avant toute autre chose, à la libération, avant de se livrer à toute anticipation : « Ce qui est certain, c'est qu'aujourd'hui il est très difficile aux femmes d'assumer à la fois leur condition d'individu autonome et leur destin féminin [...] » (*ibid.*).

Quelques lignes plus bas, elle envisage de nouveau un avenir plus lointain (*ibid.* : 408), celui où la femme et l'homme pourraient vivre leur amour sans déchirement, pour finalement abandonner la parole utopique au poète Rimbaud[2].

Il y a un phénomène analogue à la fin du chapitre « Libération » qui précède la conclusion du deuxième tome. Avec Rimbaud de nouveau, Simone de Beauvoir envisage que les « mondes d'idées » que la femme découvrira puissent être différents de ceux des hommes et qu'elle demeurera singulière. Mais la question de savoir si ces singularités « garderont de l'importance » est tout de suite qualifiée « d'anticipation bien hardie », car « ce qui est certain [et nous retrouverons exactement la même formulation qu'au tome précédent], c'est que jusqu'ici les possibilités de la femme ont été étouffées et perdues pour l'humanité et qu'il est grand temps dans son intérêt et dans celui de tous qu'on lui laisse enfin courir toutes ses chances » (Beauvoir 1949, II : 641).

Les anticipations avec lesquelles Beauvoir nous met l'eau à la bouche, pour aussitôt nous laisser sur notre faim, ces anticipations, il nous faudra aller les chercher dans l'œuvre de fiction, si nous voulons la voir quelque peu s'y attarder.

La conception de l'autre

Évoquons maintenant rapidement la conception de l'autre telle que je l'ai analysée dans un essai (Rétif 1998). Dans *L'Étude et le Rouet,* Michèle Le Doeuff (1989) a commencé à montrer comment la catégorie hégélienne de l'Autre, sur laquelle Simone de Beauvoir semble fonder tout *Le Deuxième Sexe*, est en fait sapée dès le départ par la recherche systématique des moyens et des manifestations de l'oppression économique et matérielle à l'origine de la catégorie de l'Autre (Rétif 1998 : 37). J'ai prolongé cette analyse dans l'essai *L'autre en miroir* en montrant comment cela est vrai également pour le roman *L'Invitée* et pour l'essai philosophique *Pyrrhus et Cinéas*, dans lesquels Beauvoir cherche à donner « un contenu matériel » à la morale existentialiste. On ne peut traiter de l'autre chez Simone de Beauvoir sans soulever la problématique des rapports très ambigus qu'elle entretient avec la philosophie : peu respectueuse des systèmes philosophiques, elle relativise leur valeur et transgresse leurs frontières (Rétif 1998 : 61 et suiv.), elle est en quête d'une philosophie plus spontanée, plus consciente de ses limites, plus préoccupée de la vie que d'elle-même, plus ouverte sur les autres formes d'écriture que sur la cohérence de son propre système, et peut-être même plus proche de la parole que de l'écriture. La philosophie ne fait pas chez elle qu'interroger les textes littéraires; elle refuse les limites entre littérature et philosophie. Bref, elle fait ou tente de faire de la philosophie *autrement* (*ibid.* : 27 et suiv.).

Pour revenir au *Deuxième Sexe*, on remarquera le glissement, ô combien significatif, de l'Autre (avec majuscule) à l'autre (sans majuscule) qui sépare le début et la fin de l'essai. Au début de l'œuvre, l'Autre, c'est celui qui n'accède pas à la condition de sujet. Dans le dernier chapitre, « Vers la libération », être sujet et être un autre (sans majuscule) *pour* l'autre n'ont rien d'inconciliable; ils sont même complémentaires dans cette nouvelle relation à l'autre telle que la définit Beauvoir :

> Affranchir la femme, c'est refuser de l'enfermer dans les rapports qu'elle soutient avec l'homme, mais non les nier; qu'elle se pose pour soi, elle n'en continuera pas moins à exister *aussi* pour lui: se reconnaissant mutuellement comme sujet, chacun demeurera cependant pour l'autre un *autre* [...] (1949, II : 662).

Non seulement donc il faut considérer avec beaucoup de prudence les présupposés philosophiques du *Deuxième Sexe,* mais la conception *beauvoirienne* originale de l'autre, il faut, pour la trouver, voir comment, après avoir été esquissée en cette fin de *Deuxième Sexe*, elle s'élabore et se concrétise au cours de l'œuvre de fiction[3], sans s'énoncer de façon philosophique, théorique ni catégorique[4] sans même être énoncée du tout, car elle est plutôt imaginée, évoquée, recherchée, au fil d'une métaphore essentielle, récurrente, structurante, celle que j'ai appelée « l'autre en miroir ». « L'autre en miroir », c'est l'autre à la fois présent *et* distant, identique *et* différent, l'autre tel qu'il peut être rejoint – mais de façon fugitive (il ne doit pas y avoir fusion) – car chez Beauvoir le tain du miroir n'est pas une frontière infranchissable : il a la perméabilité et la transparence de l'eau. Ainsi, au fil de ses œuvres de fiction, Beauvoir évoque une vision de l'autre considéré comme le contraire absolument irréductible *et* absolument nécessaire à l'accomplissement de l'un/l'une. C'est-à-dire qu'à l'alternative fusion ou séparation des contraires qui domine la pensée occidentale (osons l'approximation de dire de Platon jusqu'à Sartre), elle substitue la pensée de la *coexistence des différences dans l'égalité.* Cette pensée trouve son illustration dans une représentation métaphorique, *l'autre en miroir,* et dans la *réinvention* et la *réécriture* d'un vieux mythe, le mythe de l'androgyne qui réapparaît chez Beauvoir comme la figure par excellence de *l'ambiguïté* la plus paradoxale, puisque les contraires sont et restent irréductibles et *sexués*, au lieu de se dissoudre, comme la plupart du temps dans la littérature occidentale, dans une forme angélique.

Or, cette autre conception de l'autre constitue la base même d'une subversion radicale de la conception de l'homme telle qu'elle est le plus généralement véhiculée par la littérature et la philosophie occidentale, fondée sur le lien entre culpabilité et connaissance de soi ou, ce qui revient au même, l'*exclusion* de l'autre à la fois semblable et différent, dont l'autre sexe est le prototype. On sait en effet que le fameux précepte delphique « connais-toi toi-même » n'implique pas une recherche réflexive et psychologisante, mais demande au contraire de se situer en tant qu'homme en respectant la suprématie des dieux. Et en introduisant la fable d'Aristophane dans *Le Banquet*, Platon n'a pas d'autre but que de mettre en garde les hommes saisis par l'*hybris* qui consisterait à chercher à se connaître tout entier. La seule forme d'amour et de connaissance de soi acceptable est celle qui bannit la moitié de l'humanité ou de l'humain, la femme ou le féminin. Or Beauvoir, en osant affirmer la nécessité de tendre vers cette *totalité* de l'humain qui est constituée par les pôles à la fois opposés et complémentaires, ose en fait braver l'interdit de l'*hybris* et ose donc poser des bases radicalement nouvelles à la conception de l'humain. Les notions de mutilation (reprise récemment par Sylviane Agacinski), de péché et d'interdit volent en éclats.

En second lieu, cette autre conception de l'autre constitue les bases d'une subversion, car la problématique de l'identité de l'autre, du rapport de l'un à l'autre, on le sait, touche à tous les domaines de la vie *politique*, au sens étymologique du terme, car c'est le fondement même de l'organisation de la vie dans la cité. Que l'on songe ne serait-ce qu'au débat sur la parité[5], qui a eu lieu récemment en France! Si Beauvoir a défendu, en 1949, la nécessité pour les femmes de prouver leurs qualités « viriles », je crois qu'aujourd'hui, sans devenir ni « différentialiste » ni « essentialiste », c'est-à-dire sans renier aucunement ses positions « universalistes », Simone de Beauvoir n'aurait pas défendu – toute l'utopie contenue dans son œuvre de fiction nous le donne à penser – la position dite « universaliste » qu'Élisabeth Badinter soutient en son nom[6]. Elle revendiquerait une autre forme d'universalisme, l'universalité d'un être humain androgyne, au sein duquel pourraient coexister, *dans leur tension créatrice*, le féminin et le masculin présents en tout être, quand les valeurs féminines auront enfin conquis le droit de cité. Après avoir prouvé leurs qualités « viriles », les femmes doivent maintenant pouvoir sauvegarder, s'il en est encore temps, ce en quoi elles sont différentes, et jouer d'autant mieux leur rôle politique qu'elles restent fidèles à elles-mêmes. Le mythe de l'androgyne tel que Simone de Beauvoir le redécouvre *et* le réinvente n'a plus rien à voir avec l'expression de la neutralité, dont certains ont voulu faire la représentation par excellence de l'humain. Rien n'est plus étranger à la pensée de Beauvoir que la notion de neutralité! L'androgyne tel que Beauvoir l'envisage est la représentation symbolique et la *figure emblématique* d'un être humain, de l'humain, restauré dans sa totalité et traversé par la réalité innombrable qui l'investit, par les *différences* (la différence des sexes ou des genres en particulier) et les contradictions, les confrontations, qui font sa richesse, sa complexité, son ambiguïté. L'androgyne, dans son rapport à l'autre, comme dans son rapport à lui-même, c'est toujours l'un *et* l'autre dans tout le jeu de réflexion des relations et complémentarités possibles, l'un et l'autre en face, l'un et l'autre *en miroir*.

Mais la modernité de Beauvoir ne réside pas seulement dans l'anticipation utopique, contenue dans l'œuvre de fiction, d'une problématique à laquelle notre époque commence seulement à accéder. La modernité de Beauvoir réside peut-être également dans le fait qu'elle a pressenti les limites de la conception sartrienne de l'engagement de l'écrivain ou qu'elle avait une autre conception de ce que *peut* la littérature. On notait plus haut, dans cet extrait déjà cité de *La Force des choses*, qu'il y a chez elle à la fois la conscience de la nécessité de l'engagement et la conviction que la vie ne peut être cernée dans ce que l'on en dit, qu'elle « ne se laisse pas énoncer » et qu'elle ne peut qu'être « évoquée à travers un objet imaginaire ». Donc, tout en souscrivant à la nécessité de l'engagement tel que le conçoit Sartre, elle ne peut, en tant que femme-écrivain, s'en satisfaire. Est-ce à dire que ses œuvres de fiction tournent le dos à tout engagement? Je ne le crois pas. Je crois au contraire que la forme la plus moderne de l'engagement beauvoirien, ce n'est pas celle que Sartre a théorisée, au lendemain de la Seconde Guerre mondiale (1947) dans son ouvrage intitulé *Qu'est-ce que la littérature?* Pour lui, comme pour d'autres intellectuels, à cette époque, le problème se posait dans les termes suivants: que valent la culture, l'art, la littérature, s'ils ne peuvent éviter le pire? Sartre répond à cette question en invitant les écrivains à s'engager, c'est-à-dire, pour résumer brièvement sa position, non plus seulement à décrire et narrer, mais à se *servir* des mots pour agir, la prose étant l'instrument privilégié de cette entreprise. À la même époque, en Allemagne, Adorno, le fondateur de l'École de Francfort, s'exclamait : « Après Auschwitz, il serait barbare d'écrire un poème. » Un peu plus tard, Adorno reviendra sur cette déclaration, tout en contestant la position, la définition sartrienne de l'engagement. Pour lui, il ne doit pas s'agir, pour les intellectuels, de singer les hommes politiques ou leur langage. L'engagement de l'œuvre d'art et de la poésie en particulier (alors que Sartre conteste à la poésie la possibilité d'être engagée) consiste justement dans la résistance qu'elle peut opposer « au courant », à « l'industrie culturelle » (*Kulturindustrie*), dans « le refus de ravaler le mot et la forme au rang de simple moyen » (Adorno 1984 : 76). Conscient de la « contradiction du travail artistique dans les conditions de la production matérielle » (*ibid.* : 77), de la production culturelle de masse, de l'industrie culturelle, l'écrivain est le plus au cœur du débat, est le plus résistant justement quand il se situe « à l'écart » et parle une autre langue, la langue poétique, métaphorique, dans une forme qui ne se laisse pas « récupérer », pas réduire en formules. De là, il peut tenter la seule œuvre qui justifie son existence : l'œuvre critique ou utopique. Dans les années 60, un autre écrivain germanophone, proche de l'École de Francfort, Hans Magnus Enzensberger[7] – qui revient sur le devant de la scène aujourd'hui, même en France, comme si ses idées commençaient à s'imposer – écrivait : « La poésie transmet un avenir. Face à ce qui est installé dans le présent, elle rappelle le souvenir de ce qui semble aller de soi, mais qui n'est pas réalisé » (1962 : 136).

C'est ainsi que Simone de Beauvoir fut engagée, dans son œuvre de fiction, anticipant de beaucoup tous les débats auxquels ses écrits engagés, dans le sens sartrien du terme cette fois, allaient donner lieu : en faisant œuvre poétique, œuvre utopique, en réinventant ce qui se trouve à la limite du concevable, de l'indicible, le vieux mythe d'un être androgyne dans toute la richesse de son ambivalence et de sa complexité. En montrant que la littérature peut, doit jouer son rôle social et subversif tout en restant fidèle à elle-même, c'est-à-dire différente justement de toute autre forme discours. Dans *La Force de l'âge*, Beauvoir assimile la sincérité littéraire à une certaine forme d'utopie :

> [...] la sincérité littéraire n'est pas ce qu'on imagine d'ordinaire: il ne s'agit pas de transcrire les émotions, les pensées, qui instant après instant vous traversent, mais d'indiquer les horizons que nous ne touchons pas, que nous apercevons à peine, et qui pourtant sont là [...] (1960 : 700).

Le couple d'écrivains tel qu'elle l'a plus *esquissé, pressenti, inventé* que *reproduit* dans son autobiographie et dans son œuvre de fiction participe de cette utopie. Il symbolise moins le pouvoir présent d'action de la littérature sur le monde que la littérature comme *absolu*, à l'origine du monde. Le couple de créateurs engendre une utopie, une nouvelle idée de l'humain. Si elle dit tout, si elle dit trop, sans implicite, sans appel au symbolique, la littérature risque d'être récupérée. Si elle se détourne des affaires du monde, elle n'a aucune chance de ne pas être impuissante. C'est dans cette dialectique entre l'engagement sartrien et une forme d'utopie qu'elle ose à peine professer qu'il faut comprendre la forme, originale, de l'engagement beauvoirien. C'est dans cette dialectique qu'il faut replacer *Le Deuxième Sexe*. Il faut redécouvrir Simone de Beauvoir, son œuvre de fiction, et la force discrète de sa pensée utopique, son autre forme d'engagement.

Notes

1. Il est nécessaire de rappeler cette évidence, trop souvent oubliée, ce qui donne lieu à des contresens dont on pourrait facilement faire l'économie.

2. « Alors elle sera pleinement un être humain, "quand sera brisé l'infini servage de la femme, quand elle vivra pour elle et par elle, l'homme – jusqu'ici abominable – lui ayant donné son renvoi" » (lettre à P. Demeny, 15 mai 1872). (Beauvoir 1949, I : 408).

3. Certes, *Pyrrhus et Cinéas* est une œuvre fort importante pour cette conception de l'autre (Rétif 1998 : 39 et suiv.). Mais il s'agit d'une œuvre de fiction, il ne s'agit pas non plus d'une œuvre philosophique orthodoxe.

4. C'est à tort qu'on a vu dans *L'Invitée* un roman à thèse, c'est-à-dire l'application de la philosophie sartrienne. Il faut en faire une lecture beaucoup plus nuancée.

5. Sans parler des problèmes d'intégration des immigrés, de la constitution de l'Europe et du rapport des États-nations entre eux, etc.

6. « Un remède pire que le mal », *Le Nouvel Observateur*, n° 1784, du 14 au 20 janvier 1999, p. 84.

7. Voir également le dossier qui est consacré à cet écrivain dans *Allemagne d'aujourd'hui*, n° 127, janvier-mars 1994.

LA « VIEILLESSE » DE SIMONE DE BEAUVOIR :
LECTURE EN QUATRE TEMPS

MICHÈLE KÉRISIT

Vingt et un ans séparent deux essais de Simone de Beauvoir sur la vieillesse. En 1949, alors qu'elle a 41 ans, elle inclut dans *Le Deuxième Sexe* un chapitre intitulé « De la maturité à la vieillesse ». En 1970, elle publie un ouvrage volumineux tout entier consacré à la vieillesse et intitulé tout simplement *La Vieillesse*. Elle a alors 62 ans. Elle y reprend le projet émancipateur et critique du *Deuxième Sexe*, en analysant la « condition d'être vieux » en France à cette date.

> Pour la société, dit-elle, la vieillesse apparaît comme une sorte de secret honteux dont il est indécent de parler [...]. Voilà justement pourquoi j'écris ce livre : pour briser la conspiration du silence [...] je dirai ce qui – dénaturé par les mensonges, les mythes, les clichés de la culture bourgeoise – se passe réellement dans [la] tête et dans [le] cœur [des personnes âgées] (Beauvoir 1970, I : 10).

Projet social donc, mais qui est aussi étroitement lié à un projet plus intime (qu'est-ce que la vieillesse pour moi qui ai 62 ans?) et plus philosophique : que signifie en effet le passage du temps qui conduit inéluctablement à la mort? L'ostracisme social dans lequel les sociétés française et américaine[1] des années 60 tiennent les personnes âgées conduit Beauvoir, en effet, à faire le constat suivant :

> [N]ous refusons de nous reconnaître dans le vieillard que nous serons. [...] Cessons de tricher; le sens de notre vie est en question dans l'avenir qui nous attend; nous ne savons pas qui nous sommes, si nous ignorons qui nous serons : ce vieil homme, cette vieille femme, reconnaissons-nous en eux (1970, I : 13).

Pourtant, en 1949, il n'était pas évident qu'un tel sujet puisse retenir l'attention de Simone de Beauvoir. Comme l'a relevé Halpern-Guedj (1998), la vieillesse semble lui inspirer la plus vive horreur depuis son plus jeune âge. Voici comment elle en parle à la première personne, dans *La Force des choses* (1963), faisant allusion à sa relation avec Algren tout d'abord, puis avec Lanzmann :

> C'est ainsi que je décrétais à trente ans : un certain amour, après quarante ans, il faut y renoncer. Je détestais ce que j'appelais les « vieilles peaux » et je me promettais bien, quand la mienne aurait fait son temps, de la remiser. Cela ne m'avait pas empêchée, à trente-neuf ans, de me jeter dans une histoire. Maintenant, j'en avais quarante-quatre, j'étais reléguée au pays des ombres : mais je l'ai dit, si mon corps s'en accommodait, mon imaginaire ne s'y résignait pas. Quand une chance s'offrit de renaître encore une fois, je la saisis (1963, II : 9).

Quand elle publie *Tout compte fait* en 1972, c'est-à-dire deux ans après *La Vieillesse*, elle revient sur sa propre expérience du vieillissement :

> La première chose qui me frappe, si je considère les dix années qui se sont écoulées depuis que j'ai achevé *La Force des choses*, c'est que je n'ai pas l'impression d'avoir vieilli. Entre 1958 et 1962, j'ai eu conscience d'avoir passé une ligne. À présent elle est derrière moi et j'en ai pris mon parti [...] avoir 63 ans ou 53 ans, cela ne fait pas à mes yeux une grande différence; alors qu'à 53 ans je me sentais à une stupéfiante distance de mes 43 ans. Maintenant je me soucie peu de mon aspect physique : c'est par égard pour mes proches que j'en prends soin. Je me trouve en somme installée dans la vieillesse [...] (1972 : 47-48).

On mesure ainsi la distance apparente entre les premières réflexions beauvoiriennes sur la vieillesse et celles de l'âge mûr ou de la maturité. On pourrait évidemment se demander ce qui s'est passé entre-temps, et proposer une lecture biographique de cette évolution. Je m'en garderai bien, quoiqu'une lecture chronologique et thématique soit nécessaire à la compréhension de la pensée de Simone de Beauvoir sur la vieillesse. Ce chapitre a pour but de retracer ce cheminement de la pensée en privilégiant deux thèmes : le thème de l'identité – identité corporelle tout d'abord, mais aussi identité de soi à soi – et celui du travail, à travers une lecture chronologique de l'œuvre, allant du *Deuxième Sexe* à *La Vieillesse*, en passant par certains passages des mémoires. Ce faisant, je souhaiterais mettre en valeur l'originalité de la pensée de Simone de Beauvoir qui peut encore nous faire réfléchir sur la vieillesse actuelle. Il faut en effet noter qu'alors que *Le Deuxième Sexe* eut une postérité indéniable, l'essai sur la vieillesse ne semble pas avoir laissé de trace dans la mémoire du mouvement des femmes, ni d'ailleurs dans celle des gérontologues. Pourtant il me semble qu'il y aurait encore quelque intérêt à revenir à ces textes pour penser la vieillesse et le vieillissement des femmes aujourd'hui.

Temps 1 : Vieillissement et vieillesse des femmes dans *Le Deuxième Sexe*

Simone de Beauvoir n'est pas tendre pour les femmes âgées et fait du vieillissement et de la maturité des femmes un moment de la vie dépourvu d'attraits.

> Tandis que [l'homme] vieillit continûment, la femme est brusquement dépouillée de sa féminité; c'est encore jeune qu'elle perd l'attrait érotique et la fécondité d'où elle tirait, aux yeux de la société et à ses propres yeux, la justification de son existence et ses chances de bonheur : il lui reste à vivre, privée de tout avenir, environ la moitié de sa vie adulte (Beauvoir 1958 : 276).

Pour Simone de Beauvoir, la subordination des femmes à un corps défini en termes patriarcaux a une double conséquence lors du vieillissement : non seulement les femmes vieillissantes sont rejetées par les hommes, mais encore elles perdent la « justification de leur propre existence » (1949, II : 456). Or cette perte de sens survient très tôt, juste au moment où elles parviennent à s'éprouver comme sujets érotiques. L'auteure place en effet à 35 ans le moment où les femmes atteignent une certaine plénitude sexuelle, car elles ont alors rejeté les contraintes qui pesaient sur leur vie sexuelle de jeunes femmes et ont, d'une certaine façon, commencé à vivre leur vie (*ibid.* : 457). Selon Beauvoir, « [l]a femme vieillissante sait bien que si elle cesse d'être un objet érotique, ce n'est pas seulement parce que sa chair ne livre plus à l'homme de fraîches richesses : c'est aussi que son passé, son expérience font d'elle bon gré, malgré, une personne; elle a lutté, aimé, voulu, souffert, joui pour son compte » (*ibid.* : 459-460). En se situant comme sujet érotique et actif dans ses relations avec les hommes et dans la maternité, une femme se constitue en quelque sorte comme « personne ». L'arrivée de la ménopause remet en cause ce cheminement : ayant compté sur son « destin biologique » pour donner un sens à sa vie, la femme se retrouve démunie lorsque ce fondement qui la construit comme Autre se dérobe sous elle.

Tel est le paradoxe de la vieillesse féminine selon Beauvoir : alors que la femme mature ou âgée pourrait tirer profit de son émancipation et s'affranchir des contraintes imposées par son objectification, elle déploie au contraire un certain nombre de stratégies pour occulter cette liberté, se laisse intimider par son « autonomie » et essaie même de la « renier » (*ibid.* : 460). En bref, la vie des femmes âgées est l'archétype de l'inauthenticité. Plus elle aura aliéné son corps et son propre projet à celui de la maternité et du soin des autres, plus elle ira loin dans le reniement de son autonomie.

Comment se déploie alors ce reniement? Ici, Simone de Beauvoir se lance dans un portrait-charge de l'inauthenticité des femmes vieillissantes, en détaillant par le menu les différentes stratégies qu'elles déploient pour ne pas faire face à leur situation. En voici un exemple :

> Cette autonomie intimide; elle essaie de la renier; elle exagère sa féminité, elle se pare, se parfume, elle se fait tout charme, toute grâce, pure immanence; elle admire avec un œil naïf et des intonations enfantines l'interlocuteur masculin, elle évoque volubilement ses souvenirs de petite fille; au lieu de parler, elle pépie, elle bat des mains, elle rit aux éclats. C'est avec une sorte de sincérité qu'elle joue cette comédie (*ibid.* : 460).

Que ce soit dans la séduction ou dans la relation avec son fils ou sa fille, la femme vieillissante se retrouve donc dans une contradiction qu'elle ne peut résoudre : comment être sujet quand on n'a pas appris à l'être? Voici l'exemple des *Moms* américaines qui s'engagent dans la vie associative de la première moitié du siècle :

> N'étant spécialisées ni en politique, ni en économie, ni en aucune discipline technique, les vieilles dames n'ont sur la société aucune emprise concrète; elles ignorent les problèmes que pose l'action; elles sont incapables d'élaborer aucun programme constructif. Leur morale est abstraite et formelle comme les impératifs de Kant; elles prononcent des interdits au lieu de chercher à découvrir les chemins du progrès [...] elles s'attaquent à ce qui est déjà afin d'en éliminer le mal; c'est ce qui explique que toujours elles se coalisent contre quelque chose : contre l'alcool, la prostitution, la pornographie [...] (*ibid.* : 480).

Pour celles, vieillissantes ou âgées, qui se réfugient dans l'occupation plutôt que de viser des fins qui leur seraient propres, Simone de Beauvoir a des mots très durs. Elle ne cite que très parcimonieusement le cas de celles qui, dans la vieillesse, ont pu développer leur propre projet : Grandma Moses et Lou Andreas Salomé à qui elle consacrera d'ailleurs quelques pages dans *La Vieillesse*. De fait, pour l'auteure, la femme vieillissante...

> [...] se réfugie dans la routine qui a toujours été son lot; elle fait de la répétition un système, elle se jette dans des manies ménagères; elle s'enfonce de plus en plus profondément dans la dévotion [...]. Elle devient sèche, indifférente, égoïste (*ibid.* : 481).

Parfois, quand la mort approche, il arrive qu'une femme puisse faire preuve d'une certaine lucidité, en particulier quand elle se retrouve veuve. Cependant...

> [...] si son expérience lui permet de dénoncer les mystifications et mensonges, elle ne suffit pas à lui découvrir la vérité. Amusée ou amère, la sagesse de la vieille femme demeure encore toute négative : elle est contestation, accusation, refus; elle est stérile [...]. À aucun âge de sa vie, elle ne réussit à être à la fois efficace et indépendante (*ibid.* : 482).

C'est ainsi que se termine ce chapitre du *Deuxième Sexe* sur la vieillesse et la maturité des femmes.

Ce très rapide résumé des propos de Simone de Beauvoir sur la maturité et la vieillesse des femmes dans *Le Deuxième Sexe* donne déjà une des clés de sa réflexion sur le vieillissement. On vieillit comme on a vécu : posées comme Autre (dévalorisé) par l'homme pendant leur jeunesse, les femmes incorporent leur propre subordination jusque dans leur vieillesse et n'y font donc pas l'expérience d'une libération particulière.

Théoriquement pourtant, il serait possible que la vieillesse des femmes soit libératrice. C'est d'ailleurs ce qu'elle indique au premier chapitre du tome I du *Deuxième Sexe*. Après la ménopause, la femme se voit enfin délivrée de la servitude de la reproduction :

> Alors la femme se trouve délivrée des servitudes de la femelle de l'espèce; elle n'est pas comparable à un eunuque car sa vitalité est intacte; cependant elle n'est plus la proie de puissances qui la débordent : elle coïncide avec elle-même (Beauvoir 1949, I : 69).

Simone de Beauvoir ne donne pas de direction particulière à cette idée et oscillera constamment dans sa réflexion sur la vieillesse entre une image des femmes âgées débarrassées (enfin!) des oripeaux de la fertilité et de l'attrait érotique (la vieille « excentrique »), et l'image de la femme âgée prise dans les filets de son passé. On pourrait donc dire, avec Moi (1995) et Halpern-Guedj (1998), qu'il existe une sorte de rage ambivalente chez Simone de Beauvoir quand elle prend la vieillesse pour point de mire de sa réflexion. Dans *Le Deuxième Sexe*, l'on dirait que cette rage s'exprime contre les femmes âgées elles-mêmes tant les portraits qu'elle nous en donne sont chargés.

Temps 2 : Les mémoires

Une réflexion sur la vieillesse traverse par ailleurs l'ensemble des mémoires de Simone de Beauvoir. Certains aspects de sa vie, ses relations difficiles avec sa mère, son goût pour la vie, son horreur de l'ennui, les personnes âgées qu'elle a eu l'occasion de côtoyer ont en quelque sorte conditionné sa réflexion sur le vieillissement des femmes et des hommes (Bair 1990 : 440-441). Les titres même des mémoires écrits entre le chapitre sur la maturité et la vieillesse dans *Le Deuxième Sexe* et *La Vieillesse* nous invitent clairement à reconnaître la préoccupation de Beauvoir sinon pour la vieillesse, du moins pour l'avance en âge : *Mémoires d'une jeune fille rangée*, *La Force de l'âge*, *La Force des choses*.

Les mêmes contradictions soulevées plus tôt, entre un sentiment de vieillir « prématurément » et la possibilité de se refonder un projet autonome, sont exprimées tout au long de ces mémoires de la maturité, qu'elle cite du reste abondamment dans *La Vieillesse*. Toril Moi constate d'ailleurs la constante dépréciation de Simone de Beauvoir, son dégoût pour le corps vieillissant : « Mépris, répulsion, abjection de soi-même : l'image des corps et des désirs de femmes qui ont passé la quarantaine est on ne peut plus négative » (Moi 1995 : 376). Quand elle n'a que 26 ans, voici en effet ce que Simone de Beauvoir met au compte de la vieillesse :

> J'avais un autre souci : je vieillissais. Ni ma santé ni mon visage n'en pâtissaient; mais de temps en temps, je me plaignais qu'autour de moi tout se décolorât; je ne sens plus rien, gémissais-je. J'étais encore capable de transes et pourtant j'avais une impression d'irréparable perte (Beauvoir 1960 : 9).

La question ne se résout donc pas dans le dégoût du corps. Pour Beauvoir, le vieillissement est aussi une question de « décoloration » du monde autour de soi, l'impossibilité de se donner à fond dans le « projet de vivre », en partie parce que la mort approche. Or il semble que Beauvoir ait vécu avec cette idée de mort prochaine, ou plutôt avec la fulguration de l'inanité de vivre dès son plus jeune âge.

Selon Moi, cette obsession de la mort et du renoncement prend sa source dans ce qu'elle appelle « l'état dépressif » de Simone de Beauvoir qui attribue « son impression d'absurdité, sa perte de vitalité et son sentiment grandissant de désolation à l'horreur de la vieillesse et de la mort. Cette stratégie de déplacement lui permet en réalité de reconnaître ses sentiments de dépression sans les admettre comme tels, ce qui lui évite de réfléchir sur les autres sources possibles de sa mélancolie : une crainte permanente de la solitude et de la séparation » (Moi 1995 : 382). Sans doute, son sentiment d'isolement et sa difficulté d'être se sont-ils accentués au moment où elle doute de sa relation avec Sartre et de ses engagements politiques. De plus, il est certes possible de faire le lien entre ce que Beauvoir exprime de la vieillesse et une époque où les conventions sociales exigeaient des femmes vieillissantes et âgées de devenir des douairières et des êtres passifs. Est-ce suffisant cependant pour expliquer cette profonde détresse vis-à-vis du vieillissement? Pourquoi utiliser la métaphore de la vieillesse pour exprimer un tel désenchantement?

Je poserai plutôt comme hypothèse que la métaphore de la vieillesse pour exprimer l'*angst* existentielle qui parcourt les mémoires de la maturité a, en fait, joué un rôle important dans la définition de la philosophie de Simone de Beauvoir et n'est pas seulement la traduction d'un mal de vivre récurrent. Une analyse un peu systématique de *La Vieillesse* nous en offre la possibilité.

Temps 3 : *La Vieillesse*

La perspective de l'extériorité

Lorsque Simone de Beauvoir s'attelle à son ouvrage sur la vieillesse, en 1968, alors que la jeunesse est dans la rue[2], son but n'est pas, au départ, de proposer une réflexion sur son propre vieillissement. Elle veut, en fait, rompre le silence entourant les conditions sociales dans lesquelles vivent les personnes âgées en France, à ce moment-là.

Pour cela, dans la première partie de l'essai, elle adopte « le point de vue de l'extériorité » sur ce que signifie être vieux. Ce premier tome est donc construit autour de données socioanthropologiques et historiques qui établissent que le statut des vieillards est tributaire des structures et des représentations sociales de la vieillesse dans telle société, à telle époque donnée. Les signes extérieurs du vieillissement – sa physiologie – constituent le support par lequel la vieillesse se reconnaît. Mais sa place dans la société est dépendante de la place que ceux qui ne sont pas vieux lui assignent. Examinant le statut des vieillards dans les sociétés qu'elle nomme « primitives[3] » , elle conclut :

> Le vieillard est vraiment l'Autre, avec l'ambivalence qu'entraîne ce terme. Autre, la femme est traitée dans les mythes masculins à la fois comme une idole et comme un paillasson. Ainsi – pour d'autres raisons, d'une autre façon – le vieillard dans ces sociétés est-il un sous-homme et un surhomme. Impotent, inutile, il est aussi l'intercesseur et le magicien, le prêtre : en deçà

ou au-delà de la condition humaine, et souvent les deux ensemble (1970, I : 137).

La continuité d'avec *Le Deuxième Sexe* est ainsi posée. L'on devient vieux non en raison d'un déclin biologique que l'on porte sur le corps mais en raison de son objectification dans et par le regard de ceux qui ne sont pas vieux. Il s'agira donc, par la suite, dans le deuxième tome de *La Vieillesse*, d'examiner comment la situation de « vieux » est intériorisée, incorporée par la personne âgée. Comment peut-on, en effet passer de l'extériorité à l'intériorité, passer de considérations sociologiques à l'incorporation du social dans l'individu, du dehors au dedans?

Simone de Beauvoir apporte une première réponse à cette question en démarquant les analyses qu'elle a faites dans *Le Deuxième Sexe* :

> J'ai montré dans *Le Deuxième Sexe* que lorsque les femmes tirent de leur pouvoir magique un grand prestige, c'est en fait aux hommes qu'elles le doivent. La même remarque vaut pour les vieillards par rapport aux adultes. Leur autorité se fonde sur la crainte ou le respect qu'ils inspirent : le jour où les adultes s'en affranchissent, les anciens n'ont plus aucun atout (*ibid.* : 138).

La vieillesse est donc avant tout un construit social qui repose sur la manière dont le jeune et l'adulte posent le vieux comme Autre. Cette construction sociale peut être traversée par des rapports sociaux de sexe, comme Simone de Beauvoir le montre dans le chapitre sur la vieillesse dans les sociétés historiques :

> Parce que le destin de la femme est, aux yeux des hommes, d'être un objet érotique, en devenant vieille et laide, elle perd la place qui lui était assignée dans la société : elle devient un *monstrum* qui suscite de la répulsion et même de la crainte; comme chez certains primitifs, en tombant hors de la condition humaine, elle prend un caractère surnaturel : c'est une magicienne, une sorcière aux dangereux pouvoirs (*ibid.* : 198).

Dans les sociétés d'aujourd'hui (française et américaine) le double visage de la vieillesse existe : tantôt vénéré pour sa « sagesse », tantôt méprisé pour sa faiblesse, le vieillard est victime, en particulier, du rôle, dans lequel le relèguent les adultes.

L'analyse du lien entre vieillesse et rapports sociaux de sexe n'est point élaborée dans l'analyse des conditions de la vieillesse dans la société d'aujourd'hui. De fait, Simone de Beauvoir explique la condition « scandaleuse » des vieilles gens à travers la notion sartrienne de réciprocité. Celle-ci exige une complicité tendue vers l'action dans laquelle je reconnais mon rapport à l'autre, autrement dit, une praxis commune dans laquelle je me reconnais et je reconnais l'autre. Pour Beauvoir, c'est la rupture de cette réciprocité qui fait que l'adulte actif ne peut se retrouver dans le vieillard et le considère comme « une espèce étrangère ». Pour elle, en effet, « [l]e vieillard, sauf exceptions, ne fait plus rien. Il est défini par une *exis*, non par une *praxis*. Le temps l'emporte vers une fin – la mort – qui n'est pas sa fin » (*ibid.* : 344). Ainsi, le traitement des vieillards sera-t-il tributaire de l'attitude de l'adulte qui, tout en se pliant à une morale officielle de l'obligation, les relègue à l'infériorité et à la déchéance du non-travail et de l'oisiveté, qu'ils soient hommes ou femmes.

Cette attitude s'ajoute à la façon dont sont vécus les rapports entre enfants et parents. Ces rapports sexués font que le rapport du fils avec son père au travers de la mère s'établit sur le mode de la « rancune agressive-sexuelle » et constituent le modèle sur lequel se construit le modèle actuel de la vieillesse (*ibid.* : 345)[4] . Simone de Beauvoir n'élabore d'ailleurs que très peu cette intuition selon laquelle la condition des gens âgés reposerait sur un modèle patriarcal de relations sociales et familiales. Puisant dans ce qui a été écrit sur la vieillesse par des hommes et sur des hommes, et bien qu'elle soit consciente de la difficulté que représente un tel corpus, elle cherche peu, dans cette première partie de *La Vieillesse*, à imaginer ce que serait une société où les modes de relation familiaux ne seraient pas patriarcaux. Voici en effet ce qu'elle dit des relations mères-filles :

> À l'égard de leur mère, les filles éprouvent souvent du ressentiment et leur attitude est analogue à celle des fils avec leur père. Les affections les moins ambivalentes sont celles que la fille éprouve pour son père, le fils pour sa mère. Quand l'ascendant qu'ils chérissent est devenu vieux, ils sont capables de se dévouer pour lui. Mais s'ils sont mariés, l'influence de leur conjoint limite souvent leur générosité (*ibid.* : 348).

L'abandon des vieillards dans les maisons de retraite et dans la solitude de leur domicile, la chiche pension qui leur est accordée à la retraite – qui constituent l'objet majeur des analyses du premier tome – résultent de l'impossibilité de les reconnaître comme participant au monde du travail, de la pratique et du projet, doublée de relations familiales façonnées par une société patriarcale. Les politiques publiques à leur égard sont marquées par cette impossibilité des adultes de reconnaître le vieillard comme cet Autre avec lequel je peux engager un rapport de réciprocité et de solidarité à travers la praxis, puisque le vieillard est condamné à la non-activité. Mais elles sont aussi colorées par le fait que toute génération est précédée d'une autre avec laquelle elle entretient des relations de rancune modelées sur la relation entre enfants et parents.

Bien qu'élaborée sur le même fond théorique que *Le Deuxième Sexe* (l'autre comme objet et sa subordination), *La Vieillesse* fait de la vieillesse actuelle des hommes et des femmes une condition traversée par les rapports sociaux de sexe et de classe. Cependant, la vieillesse a une existence en elle-même comme catégorie du social. Tel est, à mon avis, le sens de ce passage :

> La femme, l'adolescent qui vivent dans la dépendance économique d'un homme adulte ont plus de défense que le vieillard : l'épouse rend des services, service du lit et travail ménager; l'adolescent deviendra un homme qui pourra demander des comptes; le vieil homme ne fera que descendre vers la décrépitude et la mort; il ne sert à rien. Pur objet encombrant, inutile, tout ce qu'on souhaite c'est de pouvoir le traiter en quantité négligeable (*ibid.* : 347).

C'est donc qu'une réflexion sur la vieillesse nous engage à penser le rapport que les êtres humains entretiennent avec l'activité ou le travail, qui est refusé au vieillard en raison de sa santé déclinante mais aussi en raison de sa mise au rancart dans ce qu'Anne-Marie Guillemard (1991) appelle « l'inactivité pensionnée ».

La perspective de l'intériorité

L'objet du deuxième tome de *La Vieillesse* se démarque considérablement du premier. Le ton est fort dissemblable ainsi que le propos. Alors que la première partie portait sur la construction sociale de la vieillesse dans une perspective sociohistorique campant le vieillard comme Autre, la seconde partie pose la question de l'identité du vieillard : comment peut-on vivre en étant autre à ses propres yeux? Peut-on passer de l'Autre pour l'autre à cet Autre pour soi? « La vieillesse est particulièrement difficile à assumer parce que nous l'avions toujours considérée comme une espèce étrangère : suis-je donc devenue une autre alors que je demeure moi-même? », se demande Simone de Beauvoir (1970, II : 14) .

Pour elle, la vieillesse est avant tout question d'identité. Au début du deuxième tome, elle note la surprise que l'on peut ressentir en revoyant des amis que l'on n'avait pas vus depuis longtemps et qui ont « vieilli ». Elle décrit avec beaucoup de finesse le regard étonné qu'un ami peut avoir quand il ne vous a pas vue depuis longtemps. La vieillesse n'est donc pas quelque chose que l'on peut reconnaître en soi, elle nous envahit sans qu'on le sache en nous transformant en autre dans le regard de l'autre. En tant que personne, nous restons la même, que nous ayons 40 ou 70 ans : « Nous restons ce que nous étions, avec des rhumatismes en plus », dit Simone de Beauvoir (*ibid.* : 15). Cette continuité dans l'être est pourtant mise en cause par l'image que les autres nous renvoient : « En moi c'est l'autre qui est âgé, c'est-à-dire celui que je suis pour les autres : et cet autre, c'est moi » (*ibid.* : 14). S'engage donc comme une lutte entre moi et cet autre qui est moi. Les tactiques pour éviter la reconnaissance de l'âgé en soi sont nombreuses : refus d'« avouer » son âge ou de le vivre, résignation prématurée qui mène à ne rien exiger de soi-même, par exemple. De façon générale, cependant, on est « surpris », « pris au dépourvu », « incrédule » ou « scandalisé » que le temps ait laissé sa marque. Cette difficulté de se connaître ou de se reconnaître vieux repose donc, pour Simone de Beauvoir, sur la contradiction fondamentale « entre l'évidence intime qui nous garantit notre permanence et la certitude objective de notre métamorphose » (*ibid.* : 24).

La vieillesse constitue donc un scandale dans la mesure où elle appartient à la catégorie des « irréalisables », c'est-à-dire qu'elle confronte à l'impossibilité de faire coïncider ce que nous vivons et l'image que les autres ont de nous. Pour Simone de Beauvoir, qui se décrit comme « Française, femme, écrivain, sexagénaire », il existe une inadéquation fondamentale entre se vivre française-femme-écrivain-sexagénaire et la possibilité de vivre cette « identité » dans l'instant. Ce décalage en ce qui concerne l'âge conduit à « une infinité de manières » d'assumer la réalité de la vieillesse. Cependant « aucune ne me permettra de coïncider avec la réalité que j'assume. La vieillesse est un au-delà de ma vie dont je ne peux avoir aucune pleine expérience intérieure » (*ibid.* : 25).

La perspective de l'intériorité qu'elle développe dans le deuxième tome de l'ouvrage recouvre les infinies variations que les vieilles gens ont d'assumer et surtout de ne pas assumer leur vieillesse. La problématique identité du vieillard est d'autant plus angoissante qu'elle est vécue sur le mode de « l'irréversibilité » (*ibid.* : 41) puisque la détérioration physique est inévitable. Il n'est plus possible de se reprendre, d'imaginer d'autres formes d'être qui pourraient surgir d'un projet. La mort constitue en effet la borne à laquelle achoppe tout imaginaire du sujet vieillissant.

La vieillesse sera donc le moment où l'être humain développe une infinité de subterfuges pour se sentir être et « réaliser pour soi l'existence » (*ibid.* : 327), tout en sachant que cela est impossible. Simone de Beauvoir développe ce thème de l'impossibilité de coïncider avec soi-même en particulier dans le chapitre sur le temps, l'activité et l'histoire qui est avant tout un chapitre sur la mémoire et le souvenir. La couleur du souvenir est en effet entachée par le fait que l'instant de jouissance ne reviendra plus. Trop de morts parsèment le parcours de la personne âgée. Parlant des instants de bonheur qu'elle-même a pu vivre avec des amis comme Giacometti ou Merleau-Ponty, elle conclut :

Tant qu'ils vivaient, il n'était pas besoin de souvenir pour qu'en eux notre commun passé demeurât vivant. Ils l'ont emporté dans leur tombe; ma mémoire n'en retrouve qu'un simulacre glacé. Dans les « monuments funèbres » qui jalonnent mon histoire, c'est moi qui suis enterrée (*ibid.* : 140).

Ce ton élégiaque mêle constatations universelles et expérience personnelle. *La Vieillesse* est en effet aussi un retour sur soi et sur ce qui a été écrit pour *comprendre*. On retrouve là une constante beauvoirienne : pouvoir mettre le sujet à distance afin de pouvoir s'en saisir. Dans cette mesure, *La Vieillesse* constitue une mise en perspective du travail de mémoire qu'elle a entrepris depuis *Les Mémoires d'une jeune fille rangée*. L'exercice d'écriture et de recherche sur la vieillesse lui permet de transcender les angoisses que provoquent en elle depuis longtemps le vieillissement et la mort.

Dans le deuxième tome de *La Vieillesse*, Beauvoir revient ainsi sur les conclusions des *Mémoires d'une jeune fille rangée* et de *La Force des choses*. Dans les premières, elle disait : « Aucune vie, aucun instant d'aucune vie ne saurait tenir les promesses dont j'affolais mon cœur crédule. » Dans les secondes, à l'heure du bilan, elle déclarait : « les promesses ont été tenues [...] j'ai été flouée ». Même cela elle le récuse. Le drame de la vieillesse est que le souvenir, le temps, le retour sur soi ne restituent pas le bonheur escompté. L'antichambre de la sagesse grâce à un retour sur soi n'existe pas.

Le présent, même conforme à mes attentes, ne pouvait pas m'apporter ce que j'attendais : la plénitude d'être à quoi tend vainement l'existence. Le Pour-soi n'*est* pas. Et nul ne peut dire « J'ai eu une belle vie » parce qu'une vie, on ne l'*a* pas (*ibid.* : 142).

L'auteure s'en prend donc au grand mythe de la vieillesse selon lequel on trouverait consolation dans le souvenir, ou même dans la préparation à la mort. Si mon identité ne peut exister que dans l'instant, tout projet, même celui d'une « belle mort », n'est qu'un paravent, une fuite en avant dans l'assomption identitaire, une autre façon de se forger une « sécurité ontologique ». D'ailleurs, les personnes âgées ne s'y trompent pas, elles qui, pas plus que les hommes de 40 ans, ne pensent pas vraiment à la mort (*ibid.* : 255). En effet :

Ma mortalité ne fait l'objet d'aucune expérience intime. Je ne l'ignore pas; j'en tiens compte pratiquement dans mes prévisions, mes décisions, dans la mesure où je me traite comme un autre; mais je ne l'éprouve pas (*ibid.* : 249).

Comment peut-on alors vivre dans les débris d'une histoire, de souvenirs qui s'affadissent et qui ne sont que le succédané d'une vie que l'on reconnaît difficilement comme la sienne dans la mesure où on ne peut plus la refaire? Comment s'adapter au vide? Comment s'arranger au jour le jour d'une telle situation? Ici Simone de Beauvoir passe en revue les innombrables stratagèmes manqués qui peuvent aider à supporter sa vieillesse. Nous n'en citerons que quelques-uns.

Je peux, par exemple, jouer avec l'image que j'ai de moi-même, mais il est impossible de me confondre avec elle (*ibid.* : 141). L'inauthenticité, la facticité d'un tel stratagème ne conduit qu'à l'échec. Je peux aussi choisir le *carpe diem*, mais une telle démarche est impossible pour la grande majorité des personnes âgées, dans la mesure où « la société d'aujourd'hui n'octroie des loisirs aux vieillards qu'en leur ôtant les moyens matériels d'en profiter » (*ibid.* : 260). Je pourrais me « frayer des chemins inédits » : les cas sont rares à la vieillesse (*ibid.* : 265), car l'inactivité décourage la curiosité intellectuelle et la passion. En effet, « [notre] indifférence dépeuple le monde où nous n'apercevons plus aucune raison d'agir. La mort s'installe en nous et dans les choses » (*ibid.* : 267).

L'ambition semblerait permettre au vieillard de s'évader du réel quotidien de la vieillesse. En effet, « [n]'ayant plus de prise sur le monde et ne sachant plus qui il est, le vieillard veut paraître. Il a perdu son image : il s'efforce de la retrouver hors de lui ». Mais cette ambition n'est permise qu'à un petit nombre de privilégiés. D'autres vieillards se donneront tout entiers au « souci ». « Dans la mesure où elle n'agit pas, dit Simone de Beauvoir, la femme en est rongée. De même les vieillards; ils ruminent à vide des dangers qu'ils n'ont pas les moyens de conjurer, même si aucune menace ne pèse sur eux » (*ibid.* : 283).

L'habitude ou plutôt l'attachement à ses habitudes est aussi un autre moyen pour échapper à l'angoisse : « le vieillard échappe à l'écœurement d'un excessif loisir en le peuplant de tâches, d'exigences qui se traduisent pour lui par des obligations; il évite ainsi de se poser la question : « Que faire? » (*ibid.* : 287). L'avarice est un puissant palliatif : « [l]e vieillard, puisqu'il ne lui appartient plus en se faisant de se faire être, pour être veut avoir ». Le repli et la surdité « volontaire » sont autant de solutions qui mènent à une « carence de sensibilité ». Les liens familiaux sont encore ceux qui permettent aux vieillards d'être pleinement. Simone de Beauvoir y entrevoit une possible solution, mais la tempère par la variabilité des situations. C'est ici aussi qu'elle se montre la plus « optimiste » quant à la vieillesse féminine.

Enfin, la maladie est selon Simone de Beauvoir un refuge pour de nombreux vieillards que leur condition de « vieux » épouvante. L'auteure est d'ailleurs très actuelle dans son approche de la maladie dite mentale des personnes âgée. Bien qu'admettant qu'il puisse y avoir des causes physiologiques à la « démence sénile », elle en fait une forme de protestation désespérée devant la situation qui est faite aux vieillards.

Dans l'ensemble, comme l'a remarqué Marguerite Andersen (1985) le texte est d'une infinie tristesse et d'un pessimisme à toute épreuve. Non seulement il dépeint souvent la personne âgée sous les traits de vieillards égoïstes, radoteurs, vaniteux (le passage sur la vieillesse de Pétain est un morceau d'anthologie), mais encore il ne laisse à la fin de la vie aucun espace de rédemption :

> Les événements anciens, le savoir acquis gardent leur place dans une vie éteinte : ils ont été. Quand le souvenir s'effrite, ils sombrent dans une nuit dérisoire : la vie se défait maille après maille comme un tricot usé, ne laissant dans les mains du vieillard que des bouts de laine informe (Beauvoir 1970, II : 384).

En un mot, la relégation des vieillards au loisir et à l'inactivité provoque en eux une sorte de vertige du vide, une angoisse existentielle et identitaire née d'un décalage que seuls l'activité et le fait de se projeter dans l'avenir leur permettraient d'alléger. À condition qu'ils ne soient pas divertissement. Lorsque Simone de Beauvoir décrit les stratagèmes de divertissement que les vieillards peuvent se donner pour éviter cette *angst*, elle retrouve parfois des accents pascaliens. « La tristesse des gens âgés, dit-elle, n'est pas provoquée par un événement ou des circonstances singulières : elle se confond avec l'ennui qui les dévore, avec l'amer et humiliant sentiment de leur inutilité, de leur solitude au sein d'un monde qui n'a pour eux qu'indifférence » (*ibid.* : 283).

Pour Simone de Beauvoir, cette nature de la vieillesse n'est pas, cependant, inéluctable : elle est le fruit d'un construit social et de structures sociales qui font de la personne âgée un « pur objet encombrant, inutile, [...] quantité négligeable ». « La vieillesse n'est pas une conclusion nécessaire de l'existence humaine », affirme-t-elle en conclusion, osant aller contre les idées les plus établies. Pour pouvoir garder une certaine sécurité ontologique dans la vieillesse, Beauvoir n'envisage qu'une solution : « continuer à poursuivre des fins qui donnent un sens à notre vie : dévouement à des individus, des collectivités, des causes, travail social ou politique, intellectuel et créateur » (*ibid.* : 396). Encore faut-il que la société ait permis ou permette aux jeunes et aux adultes de réaliser leur projet afin que le déclin physiologique de la vieillesse ne se perde pas dans le regret ou la récrimination et qu'il soit possible de conserver des « passions assez fortes pour qu'elles nous évitent de faire un retour sur nous » (*ibid.*). Aussi conclut-elle :

Quand on a compris ce qu'est la condition des vieillards, on ne saurait se contenter de réclamer une politique de la vieillesse plus généreuse, un relèvement des pensions, des logements sains, des loisirs organisés. C'est tout le système qui est en jeu et la revendication ne peut être que radicale : changer la vie (*ibid.* : 400).

Simone de Beauvoir croit-elle vraiment à sa solution? Celle-ci prend la couleur des slogans de 68, quand « changer la vie » paraissait encore possible. En effet, si, comme elle le dit, la vieillesse appartient à la catégorie des irréalisables, il semble difficile de modifier le cours du social en fonction d'un reniement. Et c'est tant mieux. On pourrait certes évoquer les contradictions de la réflexion beauvoirienne sur la vieillesse. En fait, ne s'agit-il pas plutôt d'oscillation entre la capacité de penser la vieillesse comme « situation » que l'on peut appréhender de l'extérieur et comme intériorité? C'est de la confrontation entre cette intériorité et l'extériorité de la condition que naît toute réflexion sur la vieillesse, qui est à la limite du pensable. Toute solution concrète peut donc n'être que bancale ou ambiguë.

Temps 4 : et maintenant?

Il n'en reste pas moins que la réflexion de Simone de Beauvoir sur la vieillesse est d'une grande « jeunesse », non seulement dans sa dimension critique, mais aussi par son pouvoir intime d'évocation.

En mettant le concept de réciprocité au centre de sa réflexion sociale sur le vieillissement, Simone de Beauvoir nous invite à penser la justice sociale autrement qu'en termes fiscaux ou qu'en termes de programmes ou services pour les personnes âgées, comme cela se fait actuellement. S'éloignant de schémas centrés exclusivement sur l'économie politique, elle réhabilite l'idée que pour pouvoir vraiment recevoir, lorsque nous nous trouvons dans une situation difficile due, par exemple, à l'âge, il faut aussi pouvoir donner et participer, avec les autres, à un projet commun. En reléguant les vieillards à l'inactivité, la société les exclut du cycle des échanges sociaux et prononce leur « mort sociale » (Guillemard 1972), bien avant leur mort physiologique. Cette exclusion enferme la personne âgée dans « une filière de consommation ségrégée et placée dans un réseau d'échanges non réciproques » (Guillemard 1991 : 38). Simone de Beauvoir elle-même a compris la leçon. Sans nier son engagement politique avant les années 70, il nous semble que son engagement dans le mouvement des femmes, qui survient après son essai sur la vieillesse, illustre ses propos.

La contradiction fondamentale que Simone de Beauvoir a relevée dans le vieillissement féminin (« [une femme] découvre la liberté au moment même où elle n'a plus rien à faire ») ne l'a pas menée à faire de la vieillesse des femmes une « catégorie particulière » du vieillissement. *La Vieillesse* parle majoritairement de la vieillesse sur un mode masculin. Elle y note cependant certaines contradictions qu'il s'agirait de poursuivre. Tantôt elle se montre assez optimiste quant à la vieillesse des femmes : celles-ci peuvent au moins s'engager dans des activités qui prolongent leur travail de soins aux autres, ce qui leur permet de rester dans les cycles d'échanges familiaux et sociaux. Tantôt elle déplore la très grande misère matérielle des femmes âgées dans la France de 1968. Ces deux thématiques traversent encore les analyses actuelles sur le vieillissement féminin. Tantôt analysée sous l'angle des échanges intergénérationnels, tantôt sous l'angle de la pauvreté, la situation des femmes âgées actuelles ne semble pas avoir changé.

Ainsi, selon le Conseil national du bien-être social, « en 1997, 42 % des femmes seules âgées étaient pauvres, contre 27,2 % des hommes seuls âgés, et seulement 7 % des couples âgés » (1999 : 16). Lynn McDonald (1997) a également montré que les veuves, les divorcées et les femmes séparées sont toujours et encore très pauvres. L'image des retraités aisés s'offrant des voyages et vivant une retraite dorée est certes une réalité pour certains, mais il faut dans ce cas-là souvent penser « couple » et non « femme ». De toute évidence, le mariage patriarcal a encore de l'avenir. Selon Hélène David (1995), même si l'on prend en considération l'arrivée massive des femmes dans les emplois rémunérés, il n'y a aucune garantie pour que celles-ci se préparent à une retraite suffisante, en raison des interruptions de carrière, de leur arrivée relativement tardive dans de bons emplois et de l'extension des emplois à temps partiel. La seule consolation, c'est que nous avons maintenant un certain nombre de politologues et de gérontologues qui, depuis le début des années 80, analysent les politiques de la vieillesse dans la perspective des inégalités dans les rapports sociaux de sexe.

La réflexion de Beauvoir est inévitablement marquée par son époque. On pourrait dire que sa description des femmes ménopausées de 1949, ou même de 1970, lorsqu'elle évoque la femme frustrée et dépossédée d'elle-même à l'âge de 50 ans, ne correspond plus à ce que vivent de nombreuses femmes de cet âge en ce début de siècle. De fait, nous assistons plutôt, comme le dit Gullette, à un *menoboom*, grâce à la diffusion *ad nauseam* d'informations, d'histoires, d'anecdotes cent fois répétées sur la ménopause. Mais au lieu de nous libérer d'une image dépassée de la ménopause, ce surcroît de discours pourrait en fait « consolider un discours âgiste sur la vie des femmes, le plus efficace et le plus répandu que nous ayons connu au 20ᵉ siècle » (Gullette 1997 : 176, ma traduction). Selon Gullette, l'explosion de l'intérêt pour la ménopause serait à replacer dans une combinaison de considérations démographiques, dans des intérêts de marketing et surtout dans un *backlash* contre le pouvoir social et économique naissant de certaines femmes, en particulier des femmes dans la cinquantaine. Tel est le sens, peut-être, du barrage constant de publicité, de commentaires et de recommandations bien-pensantes (le plus souvent médicales) quant à la nécessité de « rester jeune » après la ménopause. La prise d'hormones de remplacement jusqu'à la fin de la vie, les possibilités d'enfanter à un âge avancé que les recherches médicales voudraient faire croire miraculeuses nous éloignent-elles vraiment d'un vieillissement au féminin, qui, selon Beauvoir, n'était que prolongation de notre subordination?

Enfin, si la ménopause ne s'impose plus comme rupture irrémédiable dans la vie des femmes, est-ce vraiment parce que celles-ci ne se constituent plus comme Autre de l'homme ou est-ce tout simplement parce qu'elles poursuivent une activité effrénée dans d'autres champs? Lorsqu'il sera temps de faire face à l'inactivité pensionnée qui posera les femmes comme Autre des jeunes et des adultes, quels seront les nouveaux stratagèmes qu'elles s'inventeront pour échapper à l'insécurité ontologique dont parle Simone de Beauvoir? Pourtant, elle nous suggère une réponse : il n'est pas seulement question ici de réfléchir aux montants alloués aux pensions, mais de penser sérieusement à la place du travail et à son sens dans une vie de femme, travail-emploi, travail domestique, mais aussi travail d'engagement, en particulier dans le mouvement des femmes. « Changer la vie », slogan sur lequel Beauvoir termine son ouvrage sur la vieillesse, nous invite à revisiter le chemin parcouru, sinon, comme elle le dit avec Rousseau : « À quoi bon avoir tant travaillé si on s'aperçoit qu'on a perdu sa peine, si on n'accorde plus aucun prix aux résultats obtenus? » (Beauvoir 1970, II : 394).

Notes

1. Les références beauvoiriennes sont majoritairement françaises et américaines. Ces dernières sont particulièrement nombreuses sans doute en raison de l'hégémonie américaine en gérontologie.

2. Elle entreprend cette recherche volumineuse à un moment où, en France, l'atmosphère est au renversement de la gérontocratie au pouvoir. Elle mène en effet sa recherche en plein milieu des événements de 1968 et pendant 1969, quand l'effervescence du mouvement étudiant français bat son plein.

On peut donc se poser la question de savoir pourquoi, en dehors de l'image mythique d'une Simone de Beauvoir iconoclaste, elle consacre alors tant d'énergie à un travail sur la vieillesse.

3. L'expression est de Simone de Beauvoir qui, à l'instar des anthropologues de l'époque, fait des peuples autochtones d'Afrique, d'Asie et d'Amérique des peuples « sans histoire », liens vivants avec les origines de l'humanité.

4. C'est ainsi que nous comprenons le passage suivant : « L'idée de non-réciprocité est insuffisante pour définir positivement le rapport de l'adulte aux gens âgés. Il dépend du rapport des enfants aux parents et surtout – puisque nous vivons dans un monde masculin et que la vieillesse est avant tout un problème masculin – du rapport que les fils ont à travers leur mère avec leur père » (Beauvoir 1970, I : 345).

QUATRIÈME PARTIE

ALTÉRITÉ ET DIFFÉRENCE

LE DEUXIÈME SEXE : UNE LECTURE POSTMODERNE

YVANKA B. RAYNOVA

Ce n'est guère un hasard si Beauvoir a hésité quant au titre de son ouvrage, ni, si en allemand, il s'intitule *Das andere Geschlecht* et non pas *Das zweite Geschlecht*. Dans *La Force des choses* (1963, I : 235), elle rappelle : « Un soir, dans ma chambre, nous avons passé des heures à jeter des mots, Sartre, Bost et moi. Je suggérai : *L'Autre Sexe*? Non. Bost proposa : *Le Deuxième Sexe* et, réflexion faite, cela convenait tout à fait » Les arguments utilisés par Bost – à qui l'œuvre est dédiée – pour la convaincre de choisir ce titre ne sont pas explicités. Il est pourtant indubitable que son intention originaire était d'élaborer à travers la « condition féminine » le *sens* de *l'altérité absolue* de la femme. À cet égard, sa lecture de la thèse de Lévi-Strauss a été décisive : « il confirmait mon idée de la femme comme *autre*; il montrait que le mâle demeure l'être essentiel, jusqu'au sein des sociétés matrilinéaires qu'on dit matriarcales » (*ibid.*).

Dans ce texte, je vais tenter de montrer que l'altérité constitue le point de départ et le fondement d'une critique multiforme qui permet de faire de Beauvoir une précurseure du postmodernisme. Je tiens à souligner, à cet égard, que l'actualité et l'importance de l'œuvre beauvoirienne tiennent moins à la possibilité de mesurer sa « primauté » (Singer, Simons, Kruks, Fullbrook) par rapport aux écrits de Sartre qu'à la positionner par rapport aux débats actuels sur la déconstruction, la délégitimation et la différence.

Le pouvoir comme discours : la situation

Poser la question « qu'est-ce qu'une femme? » (Beauvoir 1949, I :13) ne signifie pas, pour Beauvoir, poser la question de l'essence de la femme. La femme n'a pas d'essence, elle n'a pas de « nature éternelle », car le pour-soi n'est pas ce qu'il est, il est ce qu'il n'est pas. Il ne s'agit pas non plus de questionner le mot ou le concept : être-femme n'est pas être-un-mot. S'il y a des femmes comme il y a des Noirs et des Juifs, c'est qu'il y a une *situation* de la femme. Poser la question « qu'est-ce qu'une femme? », c'est donc poser la question de la « condition féminine ». De même que la question de l'être, celle-ci pourrait être conçue plus clairement au moyen de l'herméneutique de la *Fragestellung*. En l'occurrence, ce sur quoi l'on questionne (*Gefragtes*) serait l'être-femme, le questionné (*Befragtes*), la situation de la femme, et l'aboutissement de la question (*Erfragtes*), l'authenticité. Ainsi, on lit, au début du *Deuxième Sexe* :

> Assurément la femme est comme l'homme un être humain : mais une telle affirmation est abstraite; le fait est que tout être humain concret est toujours singulièrement situé. Refuser les notions d'éternel féminin, d'âme noire, de caractère juif, ce n'est pas nier qu'il y ait aujourd'hui des Juifs, des Noirs, des femmes : cette négation ne représente pas pour les intéressés une libération, mais une fuite inauthentique (Beauvoir 1949, I : 13).

Expliquer la femme par sa situation et non sa situation par sa nature, c'est montrer que la négativité ou le manque de la femme n'est pas un donné mais un constitué et que celui-ci n'est pas un artifice accidentel parmi d'autres, mais une structure fondamentale du *cogito* : « [...] la catégorie de l'Autre est aussi originelle que la conscience elle-même. Dans les sociétés les plus primitives, dans les mythologies les plus antiques, on trouve une dualité qui est celle du Même et de l'Autre [...]. Aucune collectivité ne se définit jamais comme Une sans immédiatement poser l'Autre face à soi » (*ibid.* : 16). Elle ajoute aussitôt que ce phénomène ne s'éclaire que si, en suivant Hegel, « on découvre dans la conscience elle-même une fondamentale hostilité à l'égard de toute conscience; [...] le sujet ne se pose qu'en s'opposant : il prétend s'affirmer comme l'essentiel et constitue l'autre en inessentiel, en objet » (*ibid.* : 17). Mais Beauvoir ne se satisfait ni de la dialectique hégélienne ni de l'être-pour-l'autre de Sartre qui se caractérise par le conflit, par le projet d'assimiler la liberté d'autrui (Sartre 1943 : 502). À la différence de Sartre et de Hegel, pour qui le couple « moi-l'autre » est symétrique, Beauvoir montre que dans le cas de l'altérité de la femme, de la constitution du *gender*, il s'agit d'une asymétrie profonde et inouïe :

> Bon gré, mal gré, individus et groupes sont bien obligés de reconnaître la réciprocité de leur rapport. Comment donc se fait-il qu'entre les sexes cette réciprocité n'ait pas été posée, que l'un des termes se soit affirmé comme le seul essentiel, niant toute relativité par rapport à son corrélatif, définissant celui-ci comme l'altérité pure? Pourquoi les femmes ne contestent-elles pas la souveraineté mâle? Aucun sujet ne se pose d'emblée et spontanément comme l'inessentiel; [...]. D'où vient en la femme cette soumission? (Beauvoir 1949, I : 17).

À cette question centrale, Beauvoir donne au moins deux réponses, l'une psychologique, l'autre historique. D'un côté, ce sont les femmes qui se complaisent dans la soumission en choisissant la voie commode de fuir la liberté pour éviter l'angoisse et la tension d'une existence dont elles seraient les seules responsables. Mais cette explication par la mauvaise foi – semblable à celle de Sartre pour les Juifs et les Noirs – ne rend pas, selon Beauvoir, l'essentiel de la situation de la femme. Elle souligne que, par leur accès au pouvoir, les hommes ont établi un système politique, social et juridique qui les privilégie aux dépens des femmes. Elle cite à l'appui Poulain de la Barre : « Ceux qui ont fait et compilé les lois étant des hommes ont favorisé leur sexe, et les jurisconsultes ont tourné les lois en principes » (*ibid.* : 22). Le minutieux aperçu historique qu'elle présente montre que les hommes ont toujours possédé les instruments du pouvoir et les ont utilisés pour assurer *de facto* et *de jure* leur suprématie et pour tenir les femmes en dépendance. Ce ne sont donc pas les femmes qui ont créé la situation de l'Autre soumise et exclue, ce sont les hommes. Les femmes ont accepté cette situation ou ont essayé de s'y opposer *post factum*.

C'est donc non seulement le concept de femme ou de *gender* qui se révèle comme un constitué, c'est aussi la *condition féminine*, le mode social de l'être-femme. Ce faisant, Beauvoir révise la thèse sartrienne de la liberté dans la servitude, en soulignant d'une façon quasi marxienne le rôle primaire de la *situation* dans le cas de la femme : « pour expliquer ses limites, c'est donc sa situation qu'il faut invoquer et non une mystérieuse essence » (Beauvoir 1949, II : 640). Par l'auto-imposition des hommes comme sujets, les femmes ont été exclues de toute activité reliée à la transcendance. Aussi les hommes se sont-ils réservé le privilège de la transcendance et ont-ils assigné les femmes au domaine de l'immanence (*Küche, Kirche, Kinder*) (Beauvoir 1949, I : 217).

La catégorie de l'Autre inessentielle et exclue est proche du concept de différend proposé par Lyotard. Le différend renvoie à une situation où la victime est privée des moyens de prouver l'injustice qu'elle a subie, car les règles pour résoudre le conflit sont établies dans l'idiome de l'autre. Le cas de la victime semble sans issue, car si elle renonce à porter plainte, elle reste esclave; si, par contre, elle ose accuser, elle devient victime une seconde fois. L'asymétrie persiste et avec elle le seul « discours », celui de la terreur. Beauvoir dépeint la situation de la femme de la même façon :

> [O]n ne peut jamais créer de justice au sein de l'injustice. Un administrateur colonial n'a aucune possibilité de bien se conduire envers les indigènes, ni un général envers ses soldats; la seule solution c'est de n'être ni colon ni chef, mais un homme ne saurait s'empêcher d'être un homme. Le voilà donc coupable malgré lui et opprimé par cette faute qu'il n'a pas lui-même commise; ainsi [la femme] est-elle victime et mégère en dépit d'elle-même (1949, II : 652-653).

C'est d'ailleurs en cela que consiste, pour Sartre et pour Beauvoir, l'absurdité du choix : l'homme est toujours choix de soi mais non fondement de soi (Sartre 1943 : 561 et 632); n'étant pas fondement de soi, il est pourtant responsable toujours de tout et devant tous (Beauvoir 1945 : 103).

Le discours comme pouvoir : le mythe

Pour Beauvoir, il ne s'agit pas seulement de thématiser la femme comme différend, mais aussi et surtout de dévoiler les mécanismes de sa soumission. Elle montre que tous les domaines du savoir (sciences de la nature, biologie, théologie, philosophie, psychologie expérimentale, etc.) ont été utilisés pour « démontrer » l'infériorité des femmes :

> Qu'il s'agisse d'une race, d'une caste, d'une classe, d'un sexe réduits à une condition inférieure, les processus de justification ont toujours été les mêmes. « L'éternel féminin » c'est l'homologue de « l'âme noire » et du « caractère juif » (Beauvoir 1949, I : 24).

Pour cela on a d'abord cherché une différence à travers laquelle on a élaboré un mythe, à partir duquel ont été construits des images mythiques ou des simulacres visant à feindre un « effet de vérité ». Le caractère trompeur de ces simulacres tient au fait qu'ils se présentent comme un point de vue « objectif » afin de dissimuler l'intérêt particulier qui les anime. Mais il n'est pas de description objective, il est impossible, souligne Beauvoir (*ibid.* : 30) « de traiter aucun problème sans parti pris : la manière même de poser les questions, les perspectives adoptées, supposent des hiérarchies d'intérêts ». Les mythes anciens, surtout ceux qui mettent en scène des meurtres de femmes, témoignent du fait que l'altérité en tant que négation est identifiée au mal :

> Au moment où l'homme s'affirme comme sujet et liberté, l'idée de l'Autre se médiatise. De ce jour le rapport avec l'Autre est un drame : l'existence de l'Autre est une menace, un danger. La vieille philosophie grecque [...] a montré que l'altérité est la même chose que la négation, donc le Mal. Poser l'Autre, c'est définir un manichéisme. C'est pourquoi les religions et les codes traitent la femme avec tant d'hostilité (*ibid.* : 134).

La pensée binaire, qui repose sur l'opposition moi/l'autre, a besoin de l'image de l'ennemi pour légitimer la machine répressive et la mettre en action. La femme est ainsi vouée au Mal, qui est nécessaire au Bien, comme la nuit à la lumière. Sartre (1952 : 23-24) développe aussi cette idée pour illustrer le cas de Jean Genet : pour punir, la société a besoin de criminels et elle les crée afin d'assurer son rôle et ses fonctions. Ainsi apparaît le mythe : le Mal, c'est l'Autre. Dans le même sens, Lyotard (1974 : 309) indique que « les despotes ont besoin de leurs fous : leur justification, la représentation en cours de ce qui est exclu. Comme les médecins de leurs malades et les politiques de leurs ouvriers ».

La stratégie à mettre en œuvre pour changer cette situation réside dans la déligitimation de la pensée mythique, dualiste et autoritaire. Les mythes décrits par Beauvoir peuvent être considérés comme un *analogon* des simulacres de Baudrillard (1968 : 19-25; 1972 : 35-50 et 90-92; 1981; 1983). En tant que référents, ils gouvernent la conscience en y créant des images trompeuses qui affaiblissent la pensée du sujet et la tiennent sous contrôle. Baudrillard les élimine en déconstruisant le référent en tant que tel. Le référent est un signe qui indique toujours un certain système sémiotique, un certain discours. Mais ce système et ses formes verbales, qui se veulent absolus, sont en fait relatifs puisqu'ils changent et peuvent toujours être interprétés autrement. Ils reçoivent des significations différentes selon les intérêts des individus, des classes, etc.

Beauvoir montre aussi que les mythes sont des fabrications, des images abstraites, figées et stylisées, d'une réalité particulière. En revendiquant la vérité absolue, ils relativisent, dévaluent et aliènent le concret. Le mythe, écrit-elle :

> [...] projette dans un monde platonicien une réalité saisie dans l'expérience ou conceptualisée à partir de l'expérience; au fait, à la valeur, à la signification, à la notion, à la loi empirique, il substitue une Idée transcendante, intemporelle, immuable, nécessaire. Cette idée échappe à toute contestation puisqu'elle se situe par delà le donné : elle est douée d'une vérité absolue. Ainsi, à l'existence dispersée, contingente et multiple *des*

femmes, la pensée mythique oppose l'Éternel Féminin unique et figé [...].
(1949, I : 395)

Les mythes apparaissent ainsi comme une sorte de « grands récits »,
au sens où l'entend Lyotard, car ils visent à légitimer la souveraineté du
« grand » sujet masculin. Si l'on peut douter qu'ils aient perdu leur
crédibilité (Lyotard 1979 : 105), il faudrait admettre, avec Beauvoir, que
c'est de l'esprit de sérieux qu'ils reçoivent leur crédibilité : « Le mythe est
un de ces pièges de la fausse objectivité dans lesquels l'esprit de sérieux
donne tête baissée ». Mais que cela signifie-t-il plus concrètement?

D'après Sartre, le sérieux, c'est l'attitude dans laquelle on part du
monde et on lui attribue plus de réalité qu'à soi-même.

> Ainsi, écrit-il, toute pensée sérieuse est épaissie par le monde, elle coagule;
> elle est une démission de la réalité humaine en faveur du monde. L'homme
> sérieux est « du monde » et n'a plus aucun recours de soi; il n'envisage
> même plus la possibilité de sortir du monde, car il s'est donné à lui-même le
> type d'existence du rocher, la consistance, l'inertie, l'opacité de l'être-au-
> milieu-du-monde. Il va de soi que l'homme sérieux enfouit au fond de lui-
> même la conscience de sa liberté, il est de *mauvaise foi* et sa mauvaise foi vise
> à le représenter à ses propres yeux comme une conséquence; tout est
> conséquence, pour lui, et il n'y a jamais de principe [...] l'homme est sérieux
> quand il se prend pour objet (1943 : 640-641).

Par contre, le jeu délivre la subjectivité. Il est une activité dont
l'homme est l'origine première, dont l'homme pose lui-même les principes
et qui ne peut avoir de conséquences que selon les principes posés :

> Dès qu'un homme se saisit comme libre et veut user de sa liberté [...] son
> activité est de jeu : il est en effet le premier principe, il échappe à la nature
> naturée, il pose lui-même la valeur et les règles de ses actes et ne consent à
> payer que selon les règles qu'il a lui-même posées et définies (*ibid.*).

Quand les femmes se laissent conduire par les idoles masculines, elles
se posent comme des objets, des en-soi, au lieu de se poser comme des
sujets et elles manquent ainsi leur existence authentique. Si, par contre,
elles acceptaient l'attitude du jeu, elles rejetteraient l'immanence et se
choisiraient comme liberté et authenticité. Elles subvertiraient ainsi les
valeurs dominantes, dépourvues dès lors de sérieux et poseraient leurs
propres valeurs.

C'est sans doute avec le concept de jeu que Sartre et Beauvoir ont
ouvert la voie aux idées postmodernes de la performativité et du *playfull
pluralism*, élaborées de façon différente par Butler (1987, 1990, 1997),
Kolodny (1986), Lugones (1991), Hoagland (1988) et Bell (1992, 1993). Mais
reste la question de savoir si les femmes peuvent (se) choisir

authentiquement dans n'importe quelle situation. La position de Beauvoir est à cet égard plus ambiguë et plus subtile que celle de Sartre : il est des situations irrévocables dans lesquelles les femmes sont condamnées à la servitude, même si elles osent se révolter (Beauvoir 1949, I : 196-200; II : 652-653).

Vers une éthique de la justice

Avec *Le Deuxième Sexe*, Beauvoir a effectué un passage décisif de la morale de l'ambiguïté[1] à une éthique féministe et postmoderne de la justice. Celle-ci repose sur la déligitimation de l'égalité abstraite et du mythe du bien public. La discrimination des femmes et des autres groupes sociaux s'effectue à partir de la position hypocrite du bien public et de l'intérêt commun.

> Si nous passons en revue quelques-uns des ouvrages consacrés à la femme, nous voyons qu'un des points de vue le plus souvent adopté, c'est celui du bien public, de l'intérêt général : en vérité chacun entend par là l'intérêt de la société telle qu'il souhaite la maintenir ou l'établir. Nous estimons quant à nous qu'il n'y a d'autre bien public que celui qui assure le bien privé des citoyens; c'est du point de vue des chances concrètes données aux individus que nous jugeons les institutions (Beauvoir 1949, I : 30).

En partant de la situation concrète de chaque être humain, Beauvoir rejette aussi bien les *droits abstraits*, qui feignent d'assurer aux femmes l'égalité afin de rendre leur exploitation encore plus effective (*ibid.* : 24 et 228), que le *réformisme*, qui tente de substituer l'égalité à la justice, en assurant du travail aux femmes mais en les tenant sous le joug de la famille (*ibid.* : 194). Changer la situation économique ne suffit pas non plus pour changer les femmes (Beauvoir 1949, II : 655). La société elle-même devrait effectuer une conversion morale par une déconstruction de la pensée dualiste fondée sur le mythe de l'ennemi. Le concept beauvoirien de conversion constitue une alternative à la conversion sartrienne qui reste strictement individuelle (Sartre 1983 : 190-193). Il relève toutefois aussi de l'idée de la révolution permanente, car toute attitude authentiquement morale réclame d'être faite et refaite sans cesse (Beauvoir 1949, I : 238).

Cette vision de la justice-sans-cesse-à-faire rapproche le point de vue de Beauvoir des perspectives éthico-politiques de Lyotard (1979 : 105), selon lesquelles la politique du juste devrait être fondée sur l'hétérogénéité des jeux de langage irréductibles à une seule alternative, mais à analyser dans leurs paralogismes conflictuels. Le discours émancipateur de Beauvoir élabore toutefois l'éthique de la justice d'une manière nettement plus différenciée. Il s'agit non seulement de reconnaître l'autre dans son hétérogénéité, mais surtout dans sa « mêmeté » :

> Le fait d'être un être humain est infiniment plus important que toutes les singularités qui distinguent les êtres humains [...]. Dans les deux sexes se joue le même drame de la chair et de l'esprit, de la finitude et de la transcendance; les deux sont rongés par le temps, guettés par la mort, ils ont un même besoin essentiel de l'autre (Beauvoir 1949, II : 658-659).

L'éthique de la justice exige une transformation à plusieurs niveaux : 1) *la conversion individuelle des femmes*, c'est-à-dire la démythologisation de l'éternel féminin et la reprise de la responsabilité dans l'authenticité; 2) *la conversion collective ou sociale*, c'est-à-dire l'intériorisation des valeurs antiautoritaires au moyen de la déconstruction de la pensée d'opposition; 3) *l'instauration d'une nouvelle situation* dans laquelle les femmes et tous les exclus seront reconnus comme égaux en existence, en transcendance et en liberté. La lutte pour établir cette nouvelle situation est la condition *sine qua non* de la libération universelle, car ce n'est que « quand seront abolis l'esclavage d'une moitié de l'humanité et tout le système d'hypocrisie qu'il implique que la "section" de l'humanité révélera son authentique signification et que le couple humain trouvera sa vraie figure » (*ibid.* : 662).

Tandis que, lors de sa publication, *Le Deuxième Sexe* a provoqué plus de « colère » que de compréhension (Beauvoir 1963, I : 260-266), immédiatement après sa mort, Beauvoir a été saluée comme une des plus grandes intellectuelles du siècle. Elle a été désignée comme « point culminant de la pensée progressiste » (Georges Marchais), « une femme qui s'est soulevée contre l'esclavage » (Claudine Serre), « un symbole de l'engagement » (Ligue des droits des femmes) et sa mort a été perçue comme la « fin d'une époque » (Jacques Chirac, Jack Lang, Bertrand Poirot-Delpech). Claude Prévost l'a même proclamée « grande intellectuelle postmoderne » (Raynova 1987, 1998).

Bien qu'il écrivait de Beauvoir qu'elle était « une grande dame de la littérature française » qui laissait un grand vide, Lyotard est lui-même resté étranger au féminisme, du moins ambigu à son égard. S'il admettait que les femmes en tant que minorité pouvaient revendiquer la justice, il promouvait la transsexualité, l'unisexe qui se veut neutre et muet sur la problématique féministe (Ivekovic 1994 et 1997, Fraisse 1996). Quant à Jameson (1995 : 7-8), il perçoit la critique féministe à l'égard de Sartre, qui traite sa vie avec Beauvoir comme une sorte de « mariage bourgeois » dans lequel elle aurait joué le rôle d'une complice souffrante et soumise, comme un appui à la campagne de la droite contre les intellectuels de gauche. Ne voulant rien entendre du fait que la sartrologie actuelle est souvent aussi négative quant au rôle de Beauvoir, il est tenté de réduire l'œuvre beauvoirienne à un simple complément de la « philosophie de l'infériorité » de Sartre.

Il est bien vrai que c'est Sartre (1946, 1949, 1952) qui le premier a thématisé la situation des exclus – des Juifs, des Noirs, des homosexuels, des criminels, des *outsiders* – de sorte que, d'un point de vue purement formel, la description beauvoirienne de la situation de la femme peut apparaître comme un simple complément de ce thème. Mais il y a dans *Le Deuxième Sexe* une critique du discours masculin du pouvoir qui va bien au-delà de l'ontologie sartrienne et de la psychanalyse existentielle et qui met en question le *projet fondamental du pour-soi*. Le pour-soi est-il toujours projet de devenir en-soi-pour soi, c'est-à-dire Dieu? Que ce projet soit voué à l'échec et que, en ce sens, « celui qui perd gagne » est sans doute le grand apport de Sartre (Raynova 1995a et 1995b). Mais c'est Beauvoir qui a mis en lumière un autre projet fondamental : le projet féminin de l'être-pour-les hommes (1949, I : 234) qui, étant une autre attitude inauthentique, est lui aussi voué à l'échec. Il existerait donc *deux* projets fondamentaux de la mauvaise foi mais *une seule* authenticité. Celle-ci serait aussi l'occasion pour les deux sexes séparés de se retrouver réciproquement en contribuant à une situation plus juste.

Loin d'être une simple « philosophie de l'infériorité », *Le Deuxième Sexe* est donc plutôt une théorie antimoderne du différend, qui nie l'« essence » ou la « nature » de la femme pour démasquer l'antinomie entre sa situation d'« autre » et son *Da-sein* de « même ». La mise en lumière de cette antinomie constitue en même temps la différence entre l'ambiguïté beauvoirienne et la radicalité des auteurs postmodernes : tout comme la réalité humaine concrète et spécifiquement sexuée ne serait jamais concevable par la différence seule, ainsi le sexe n'est-il pas un simple construit mais un élément fondamental de notre existence. Nier notre sexe, ce serait donc renoncer à notre humanité par mauvaise foi. En ce sens, la thèse fondamentale du *Deuxième Sexe*, à savoir que le débat sur la différence et l'égalité ne pourrait être résolu qu'à travers la distinction entre le sexe et le mythe (Beauvoir 1949, II : 600-601 et 647), représente aujourd'hui encore un défi aussi bien pour la théorie féministe que pour le déconstructivisme et la pensée de la différence.

Note

1. Beauvoir souligne expressément dans *Le Deuxième Sexe* que sa perspective est celle de la morale existentialiste; « ma thèse est pourtant que, bien qu'elle y prenne appui, elle va au-delà de cette morale, du moins telle qu'elle est élaborée dans la *première éthique* de Sartre » (1949, I : 31).

LE FÉMINISME POSTCOLONIAL
ET *LE DEUXIÈME SEXE* :
RUPTURE OU CONTINUITÉ?

GERTRUDE MIANDA

Il peut paraître superflu de soutenir encore que les diverses tendances féministes classiques trouvent de manière générale leur source d'inspiration dans *Le Deuxième Sexe* de Simone de Beauvoir (Kruks 1993, Rodgers 1998, Simons 1999). À mon avis, le féminisme postcolonial qui émerge depuis les années 80 n'y fait pas exception. Il plonge ses racines dans *Le Deuxième Sexe* qui semble avoir posé entre autres les conditions de l'élaboration de son discours. Pour établir une telle filiation, il convient d'utiliser une démarche rétrospective qui retrace les moments les plus marquants du *Deuxième Sexe*. Le resituer en l'occurrence d'abord à l'époque de sa parution alors que le livre fait scandale. Deux autres périodes importantes viennent ensuite : la première dans le sillage de mai 68 dans les années 70 lorsque *Le Deuxième Sexe* resurgit avec le mouvement féministe revigoré en Occident; la seconde *coïncide* avec les manifestations qui couronnent les cinquante ans de l'ouvrage et en révèlent encore l'actualité. Les trois sections que je présente ci-après se conforment à cette périodisation.

Dans la première section, je fais un rapprochement entre le postcolonialisme et *Le Deuxième Sexe*. Il me faut d'emblée souligner l'intérêt d'une telle comparaison, que je situe à deux niveaux, notamment dans le fait que le féminisme postcolonial, quoiqu'il soit fondamentalement un discours féministe, porte sur la condition postcoloniale[1], objet central des études postcoloniales[2]; mais également dans le fait que j'essaie d'identifier les positions postcoloniales de Simone de Beauvoir. Une étude qui se rapporte au féminisme postcolonial implique un retour, un tant soit peu, sur le postcolonialisme. Ce dernier peut se définir de manière générale comme une pratique discursive anticoloniale qui couvre autant la période coloniale que postcoloniale (Loomba 1998 : 1-20; Childs et Williams 1997 : 1-25). Il dénonce l'impérialisme colonial et ses réminiscences qui tendent encore à asservir les ex-colonisés, présentés comme « autres » (Gandhi 1998 : 83). La contestation de l'oppression coloniale et néocoloniale est le lieu commun entre le postcolonialisme et le féminisme postcolonial. De plus, ce dernier remet en question le patriarcat à l'œuvre dans le postcolonialisme (Gandhi 1998 : 283; Hutcheon 1995 : 20). Simone de Beauvoir, en introduction au *Deuxième Sexe*, fait allusion à la situation des Noirs, que les Blancs tendent à maintenir dans la position de « l'autre », en comparaison avec la situation des femmes. Cette raison inhérente au *Deuxième Sexe* justifie en soi également le rapprochement que je tente de faire dans ce premier volet.

Dans la deuxième section, j'aborde le féminisme postcolonial dans le prolongement du féminisme des années 70 en essayant essentiellement de faire ressortir ses ramifications avec *Le Deuxième Sexe*. En dernier lieu, j'aborde le contexte des années 90 et le défi auquel est confronté le féminisme contemporain eu égard aux préoccupations des féministes postcoloniales.

Le Deuxième Sexe, Simone de Beauvoir et le postcolonialisme

Dans ce volet, je n'ai pas la prétention de faire une lecture du *Deuxième Sexe* dans son ensemble comme une œuvre postcoloniale. Je me limiterai pour l'essentiel à la comparaison que Simone de Beauvoir établit entre la situation des femmes, celle des Noirs, celle des Juifs et celle des prolétaires afin de l'examiner dans une perspective postcoloniale. Pour comprendre cette analogie, il est bon de replacer d'abord Simone de Beauvoir dans son milieu intellectuel parisien, et *Le Deuxième Sexe* dans le contexte historique de sa publication. D'autre part, certaines positions de Simone de Beauvoir, notamment son engagement en faveur de l'Algérie au moment de la révolution, son soutien à la cause de Djamila[3], sont analysées sous un éclairage postcolonial. Elles sont compréhensibles par rapport à cette période bien qu'elles se saisissent aisément à travers ses autres écrits, en l'occurrence *La Force des choses*. Pour commencer, je soulignerai un aspect de cette comparaison :

> [...] qu'il s'agisse d'une race, d'une caste, d'une classe, d'un sexe réduits à une condition inférieure, les processus de justification sont les mêmes. « L'éternel féminin » c'est l'homologue de « l'âme noire » et du « caractère juif ».[...] Mais il y a de profondes analogies entre la situation des femmes et celle des Noirs: les unes et les autres s'émancipent aujourd'hui d'un même paternalisme et la caste naguère maîtresse veut les maintenir à « leur place », c'est-à-dire à la place qu'elle a choisie pour eux [...] (Beauvoir 1949, I : 24-25) .

Quand Simone de Beauvoir écrit *Le Deuxième Sexe*, elle a déjà fait un séjour en Amérique en 1947 tel qu'elle le relate dans *L'Amérique au jour le jour* (1948). Elle y a observé le racisme à l'œuvre dans le quotidien. Elle s'est rendu compte de la manière dont le racisme opère à travers ses mécanismes de discrimination, de préjugé, de ségrégation. Qu'il s'agisse des villes comme New York avec une forte concentration des Noirs à Harlem (Beauvoir 1948 : 37-43), de Chicago avec ses quartiers des Noirs (*ibid.* : 359-364) ou du Sud avec ses ségrégations beaucoup plus évidentes (*ibid.* : 85-86, 211-214, 220-221), le constat est le même : les Noirs sont victimes de racisme et les préjugés à leur endroit sont persistants.

En intellectuelle parisienne, Simone de Beauvoir était, cependant, bien informée de la situation des Noirs avant même de voir les manifestations concrètes du racisme en Amérique. Paris est, en effet, le lieu où s'élabore le discours de la négritude[4] depuis les années 30. En 1948, Jean-Paul Sartre avait écrit *Orphée noir* en préface à l'*Anthologie de la nouvelle poésie nègre et malgache* de Léopold S. Senghor. La négritude se définit de manière générale comme « [l]'expression d'une race opprimée, la manifestation d'une manière d'être originale, un instrument de lutte et un outil esthétique » (Chevrier 1999 : 43-46). Elle est « la découverte des valeurs noires et la prise de conscience par le Nègre de sa situation » (Urbanik-Rizk 1997 : 17).

La négritude est bien un discours postcolonial dans la mesure où elle est un instrument de résistance (Childs et Williams 1997 : 39-42; Chevrier 1999 : 38-43). À cet égard, il est intéressant de mettre la négritude en parallèle avec *Le Deuxième Sexe*. Pour ce faire, je vais prendre en considération particulièrement la poésie de Senghor, car c'est essentiellement à travers la poésie que la négritude s'est exprimée (Senghor 1988 : 117-120). Senghor est par ailleurs celui qui, parmi les hérauts de la négritude, a consacré le plus de poèmes à la femme

(Kesteloot 1987 : 103). Il a chanté dans ses poèmes aussi bien la femme noire, que la Blanche ou la Métisse (*ibid.* : 103). Mais la figure qui retient le plus l'attention est celle qui se situe dans la lignée de la « femme noire » de *Chants d'ombre* (Urbanik-Rizk 1997 : 54). Simone de Beauvoir consacre un chapitre du *Deuxième Sexe* aux mythes et y traite notamment de la poésie. En ce sens, la comparaison entre la négritude et *Le Deuxième Sexe* se situe à ce niveau. En fait, je tente de faire un rapprochement entre l'image de la femme telle qu'elle ressort de la poésie de Senghor et le portrait de la femme que Simone de Beauvoir retient de la poésie.

Les critiques de Senghor retiennent que dans sa poésie la femme est à la fois épouse et mère. En tant que mère, la femme est étroitement liée au thème du lait (Jouanny 1986 : 90-91). Senghor l'associe à la terre labourable et à la terre matricielle. La femme humanise le monde. Elle est également femme par son corps, « femme charnelle et terre féconde » (Saint-Cheron 1988 : 63-69). La femme chez Senghor est en outre associée à l'eau pour faire ressortir son rôle d'initiatrice et de médiatrice (Jouanny 1986 : 90). Zahan explicite cette association :

> Comme la terre, la femme est inertie et passivité; comme l'eau qui épouse la forme de n'importe quel récipient, la femme n'a pas qu'une seule « forme »; elle défie l'obstacle [...]. Elle est le « vide » qu'on ne peut s'approprier qu'en le remplissant » (Zahan, dans Jouanny 1986 : 90).

La femme senghorienne a pour rôle de figurer et de traduire la nature. Elle apparaît comme la dame aimée et l'épouse désirée à travers laquelle est glorifiée la féminité[5] (Urbanik-Rizk 1997 : 54-56). Une grande partie de l'œuvre poétique de Senghor, en effet, célèbre l'amour (Kesteloot 1987 : 103; Urbanik-Rizk 1997 : 54). En fin de compte, c'est une image biologisante de la femme qui ressort de la poésie de Senghor. À moins de rejoindre Kesteloot, qui refuse de voir l'évidence pour se complaire à n'apprécier que l'éternel féminin : « Ne cherchons pas des portraits, mais apprécions la capacité étonnante de capter l'éternel féminin dans ses plus diverses nuances » (Kesteloot 1987: 105).

C'est à cette idée de figer la femme dans le biologique, de la condamner à l'immanence, que s'objecte Simone de Beauvoir dans *Le Deuxième Sexe* lorsqu'elle entreprend de remettre en cause les mythes. À travers les mythes, l'homme perçoit la femme comme l'autre absolu sans réciprocité. Ainsi, Simone de Beauvoir note :

> [l]a fécondité de la femme n'est regardée que comme une vertu passive. Elle est la terre et l'homme la semence. Elle est l'Eau et il est le feu. La création a été souvent imaginée comme un mariage du feu et de l'eau; c'est l'humidité chaude qui donne naissance aux êtres vivants; le Soleil est l'époux de la

Mer : Soleil, feu sont des divinités mâles; et la Mer est un des symboles maternels qu'on retrouve le plus universellement. Inerte, l'eau subit l'action des rayons flamboyants, qui la fertilisent (1949, I : 244).

Simone de Beauvoir dresse également le portrait de la femme tel qu'il ressort de la poésie de Breton. La femme, chez ce dernier, est beauté. Elle est merveille naturelle. Elle a le rôle de pacificateur et de médiateur (*ibid.* : 370-371). Comme le souligne Simone de Beauvoir, la femme bretonnienne est « profondément ancrée dans la nature, toute proche de la terre » (*ibid.* : 375). Ainsi, la femme est la même chez Senghor comme chez Breton. Si les mythes relèvent de la mémoire, s'ils disent la tradition (Vernant 1999 : 10-11), alors la correspondance qu'on retrouve entre la femme chez Senghor et chez Breton indique que l'association de la femme au biologique n'est pas le propre de la négritude. La femme est alors perçue à travers les cultures comme l'autre réduit à l'inessentiel. Ainsi, comme le remarque Simone de Beauvoir, la pensée mythique impose l'éternel féminin unique et figé au point que si les conduites des femmes dans l'expérience concrète révèlent le contraire, on en conclut qu'elles ne sont pas féminines (Beauvoir 1949, I : 395). « Dans la réalité concrète, les femmes se manifestent sous des aspects divers; mais chacun des mythes édifiés à propos de la femme prétend la résumer tout entière », souligne Simone de Beauvoir (*ibid.* : 396).

L'analogie entre la situation des femmes et celle des Noirs maintenus dans la position de l'autre est assez significative parce qu'elle renvoie à la question de l'altérité qui est centrale dans le discours postcolonial qu'il vaille la peine d'y accorder une attention. À cet égard, *Peau noire, masques blancs* de Frantz Fanon (1952) devient alors incontournable[6], considérant que c'est un des premiers ouvrages qui traite de l'identité du colonisé noir. Fanon (1952) montre comment par l'inconscient collectif, c'est-à-dire l'ensemble de préjugés, de mythes et d'attitudes d'un groupe, le Blanc crée le Noir, qu'il situe dans une position inférieure (*ibid.* : 152) :

> Pour la majorité des Blancs, le Noir représente l'instinct sexuel (non éduqué). Le nègre incarne la puissance génitale au-dessus des morales et des interdictions.[...]. *En Europe, le Mal est représenté par le Noir.* [...] Le bourreau c'est l'homme noir, Satan est noir, on parle de ténèbres, quand on est sale, on est noir, – que cela s'applique à la saleté physique ou à la saleté morale (*ibid.* : 143 et 153).
> C'est le raciste qui crée l'infériorisé (*ibid.* : 75).

Une telle lecture permet de situer la comparaison de Simone de Beauvoir dans une perspective postcoloniale. Elle donne en plus l'occasion de faire un rapprochement entre *Peau noire, masques blancs* et *Le Deuxième Sexe* bien que le premier ouvrage ne soit pas du tout féministe. Frantz

Fanon est bien tiers-mondiste ou postcolonialiste. L'attention que je lui accorde dans cette section porte sur le fait que par son analyse, et compte tenu du fait qu'il n'ignorait pas la publication du *Deuxième Sexe*, il pouvait déjà mettre en lumière que les rapports de race et de sexe procèdent des mêmes mécanismes. En effet, Fanon s'inspire de Lacan et de Sartre en vue d'expliquer l'aliénation des Noirs dans un univers dominé par les Blancs. Simone de Beauvoir, avant lui, s'était référée à ces mêmes auteurs pour décrire l'aliénation des femmes dans une société patriarcale (Moi 1995 : 325-326). De même, en ce qui concerne leur projet politique, on peut constater que ces deux auteurs se rejoignent dans leur vision du monde, qui devrait reposer sur une base de générosité, de fraternité. Simone de Beauvoir conclut son livre en ces termes :

> C'est au sein du monde donné qu'il appartient à l'homme de faire triompher le règne de la liberté; pour remporter cette suprême victoire il est entre autres nécessaire que par-delà leurs différenciations naturelles, hommes et femmes affirment sans équivoque leur fraternité (1949, II : 663).

Frantz Fanon abonde dans le même sens vers la fin de son ouvrage :

> L'homme était un *oui*. [...] Oui à la vie. Oui à l'amour. Oui à la générosité. Mais l'homme est aussi un *non*. Non au mépris de l'homme. Non à l'indignation de l'homme. Au meurtre de ce qu'il a de plus humain dans l'homme : la liberté (1952 : 180).

En dépit de ces similarités évidentes, Frantz Fanon a évacué toute référence au *Deuxième Sexe* dans son livre. Lecteur des *Temps modernes*, il n'ignore pas sa publication parce que des extraits y paraissent (Moi 1995 : 326). Il faut sans doute attribuer ce silence à la réception négative du *Deuxième Sexe* au moment de sa publication ou encore au fait que la situation des femmes pour Fanon n'est pas une priorité par rapport à celle du colonisé. Des critiques féministes postcoloniales ont d'ailleurs montré que les femmes restent pour Fanon « un continent noir ». Pendant qu'il s'attache à montrer comment le genre et la race proviennent de la même structure psychologique, Fanon néglige la sexualité de la femme noire à la faveur de celle de l'homme noir qu'il historicise et contextualise contrairement à celle de la femme blanche. Le sujet colonisé, pour Fanon, est exclusivement un homme (Loomba 1998 : 162). C'est dans *Sociologie d'une révolution (L'an V de la révolution algérienne)* qu'il se donne à lire avec beaucoup plus de transparence sur la situation des femmes. Son analyse du voile est en ce sens instructive. Le voile apparaît comme un enjeu stratégique entre le colonisé algérien et le colonisateur français. Pour le premier, une femme voilée symbolise la résistance à la conversion culturelle (Fanon 1968 : 29) tandis que pour le second, dévoilée, la femme représente une conversion réussie: « Ayons les femmes et le reste suivra » (*ibid.* : 18). Avec la révolution, le voile devient une arme stratégique que manipule habilement l'autorité nationale. Voilée, dévoilée au gré des circonstances, la femme sera amenée à participer efficacement à la révolution qui libérera le peuple algérien et s'accompagnera de son émancipation propre, selon le schéma de Fanon. La révolution, pour Fanon, opère ici telle une superstructure qui change la mentalité des hommes généralement réfractaires à la libération des femmes, en vue de les amener à accepter l'émancipation de ces dernières. Et il l'écrit avec conviction :

> Ce sont toutes ces restrictions qui vont être bousculées et remises en question par la lutte de libération nationale. La femme algérienne dévoilée, qui occupe une place importante dans l'action révolutionnaire, développe sa personnalité découvre le domaine exaltant de la personnalité, la liberté du peuple algérien s'identifie alors à la libération de la femme, à son entrée dans l'histoire. [...] La femme-pour-le mariage disparaît progressivement et cède la place à la femme pour-l'action. La jeune fille fait place à la militante, la femme indifférenciée à la sœur. [...] Fille dévoilée, maquillée, sortant n'importe quand, allant on ne sait où, et les parents n'osent plus réagir [...]. Le père lui-même n'a plus de choix. Sa vieille peur du déshonneur devient tout à fait absurde, eu égard à l'immense tragédie vécue par le peuple (Fanon 1968 : 92 à 94).

Instrumentalisation de la femme, il est vrai, tel que le suggère Marie-Blanche Tahon (2000 : 263-271), mais de part et d'autre : le colon comme le colonisé se sert du voile de la femme à ses propres fins. Si on la replace dans le discours postcolonial, l'analyse du voile peut autoriser une double lecture : la première, où il est un outil de résistance, et l'autre, qui met en lumière les relations de genre dans la société algérienne qui ne semblent pas échapper à l'observation de Frantz Fanon, mais qui s'effacent dans son analyse au profit de la cause nationale. Le patriarcat est ici occulté. L'analyse de Marie-Blanche Tahon rejoint, en quelque sorte, les critiques féministes postcoloniales qui remettent en question le patriarcat des mouvements de libération nationale. Les femmes prennent part à ces mouvements, mais dans des termes définis par les hommes (Loomba 1998 : 223-228).

La position postcoloniale de Simone de Beauvoir peut transparaître également à travers son engagement politique. C'est au sortir de l'expérience de la guerre, après la Libération, que Simone de Beauvoir réalise le sens de la solidarité. À ce moment se dessine son engagement politique : « Je savais à présent que mon sort était lié à celui de tous : la liberté, l'oppression, le bonheur et la peine des hommes me concernaient intimement » (Beauvoir 1963 : 13). La guerre d'Algérie lui donne l'occasion d'agir politiquement. Elle est pour la décolonisation et se prononce avec quelques intellectuels de gauche contre la politique de la France malgré l'opinion générale favorable.

> Nous avions d'abord détesté quelques hommes et quelques factions: il nous a fallu peu à peu constater la complicité de tous nos compatriotes [...]. Nous n'étions qu'un petit nombre à ne pas faire chorus [...]. Je ne supportais plus cette hypocrisie, cette indifférence, ce pays, ma peau. Ces gens dans les rues, consentants ou étourdis, c'étaient des bourreaux d'Arabes : tous coupables [...]. Ce que je ne supporte pas, physiquement, c'est cette complicité qu'on m'impose au son des tambours avec des incendiaires, des tortionnaires, des massacreurs [...] (*ibid.* : 90, 149 et 182).

La prise de position de Simone de Beauvoir en faveur de l'indépendance de l'Algérie s'opère dans ce qu'elle semble vivre comme un tiraillement identitaire. Elle a vécu sa propre identité de manière problématique. Française par sa naissance et sa culture, elle se sent très attachée à ses valeurs d'origine, mais proche des Arabes durant cette période de la révolution algérienne et se sent comme une exilée à l'intérieur de son pays.

> [...] il nous a fallu peu à peu constater [...] [d]ans notre propre pays, notre exil. Enfance, jeunesse, langue, culture, intérêts, tout nous rattachait à la France. Et moi aussi. « Je suis Française » Ces mots m'écorchaient la gorge comme l'aveu d'une tare. [...] Oui, j'habitais une ville occupée, et je détestais les occupants avec plus de détresse que ceux des années 40, à cause de tous les liens que j'avais avec eux. [...] il s'agit de mon pays, et, je l'aimais, et sans chauvinisme ni excès de patriotisme. C'est difficilement tolérable d'être contre son propre pays (*ibid.* : 90, 149, 150, 182).

Les sujets postcoloniaux, du fait de l'histoire de la colonisation d'un côté et de l'autre par leurs multiples lieux d'attache, sont parfois marqués par des tensions culturelles dans leur identité. Le tiraillement identitaire que connaissent Assia Djebar[7] et Marie Cardinal[8] en constitue un exemple.

> Il me semble que les choses ont pris racine en moi d'une façon permanente, quand j'ai compris que nous allions assassiner l'Algérie. Car l'Algérie c'était ma vraie mère. Je la portais en moi comme un enfant porte dans ses veines le sang de ses parents (Cardinal 1975 : 106).

On peut rétorquer que Marie Cardinal est une Française née en Algérie; certes, mais est-ce qu'on peut au nom de cela lui dénier l'attachement qu'elle ressent à l'égard de l'Algérie? Albert Camus, pourtant dans la même situation qu'elle, s'est exprimé ouvertement en faveur de la France et non de l'Algérie (Beauvoir 1963, II : 149). À vouloir à ce point questionner le sentiment de Cardinal, on nous reprochera à nous, femmes immigrantes, de nous sentir un jour attachées à nos pays d'accueil. C'est là un autre débat.

L'affaire Djamila Boupacha est un autre fait qui témoigne de l'engagement de Simone de Beauvoir et traduit sa position postcoloniale (Beauvoir 1963, II : 264-266). Aux côtés de Gisèle Halimi (1988 : 317), elle s'engage dans la défense de Djamila. Paradoxalement, avec cette cause se dévoile probablement ce que Halimi semble considérer comme un manque de sororité de la part de Simone de Beauvoir. Elle affirme avoir découvert, déjà, en Simone de Beauvoir une entomologiste plutôt qu'une sœur de combat (*ibid.* : 314). Le cas de Djamila ne fait que renforcer cette conviction chez Halimi, d'autant plus qu'à la libération de cette dernière – après avoir été enlevée, séquestrée et ramenée de force en Algérie –, Simone de Beauvoir resta indifférente :

> Mais je découvrais, en même temps, le refus de toute approche sensible du problème. Elle considérait Djamila comme une victime parmi des milliers, un « cas » utile pour mener la bataille contre la torture et la guerre. [...] Le soir même, j'alerte le castor et lui conte l'épreuve de force et l'enlèvement de Djamila. Elle ne condamne, ni ne s'indigne. Elle savait déjà. Le F.L.N. usait de son droit : « Vous avez été imprudente, Gisèle », me dit-elle. Je n'avais pas, nous n'avions pas, nous Français, à intervenir pour une Algérienne indépendante (*ibid.* : 317 et 321).

Il faudrait comprendre ici qu'il s'agit plutôt d'une Algérie indépendante; car Djamila refusait de rentrer en Algérie afin de poursuivre ses études en France. « À Alger, ce ne sera pas possible », avait-elle soutenu (Halimi 1988 : 319). Même si on peut reconnaître la solidarité de Simone de Beauvoir vis-à-vis de Djamila, cette solidarité s'est limitée à ses convictions intellectuelles. Halimi (*ibid.* : 322) le souligne avec éloquence : « Simone de Beauvoir présida au combat pour Djamila. Elle ne la rencontra jamais. N'avait-elle pas préféré l'intelligence de la bataille à l'enjeu de la personne? »

Féminisme et féminisme postcolonial : la cohabitation conflictuelle des différences

Dans cette section, je défends l'argument voulant que le féminisme postcolonial élabore son discours en référence au *Deuxième Sexe* et contre lui. Je soutiens également que le féminisme postcolonial s'inscrit dans la continuité du *Deuxième Sexe* et contre certaines de ses idées. Il s'oppose aussi à certaines positions du féminisme radical. D'ailleurs, celui-ci trouve dans *Le Deuxième Sexe* son fondement théorique (Simons 1995 : 243-262). Pour la clarté de mon propos, il est pertinent de faire un retour sur les idées principales du *Deuxième Sexe*, qui sont reprises notamment par les féministes radicales. Cela m'oblige évidemment à faire une synthèse des grandes lignes du féminisme radical afin de pouvoir situer le féminisme postcolonial dans son prolongement et celui du *Deuxième Sexe*. À cet effet, il est bon de partir des principes théoriques qui fondent l'explication de Simone de Beauvoir sur la situation de la femme.

> Tout sujet se pose concrètement à travers les projets comme une transcendance, il n'accomplit sa liberté que par son perpétuel dépassement vers d'autres libertés [...]. Chaque fois que la transcendance retombe en immanence, il y a dégradation de l'existence « en soi », de la liberté en facticité; cette chute est une faute morale si elle est consentie par le sujet; si elle lui est infligée, elle prend la figure d'une frustration et d'une oppression [...]. Or ce qui définit d'une manière singulière la situation de la femme, c'est que, étant comme tout être humain, une liberté autonome, elle se découvre et se choisit dans un monde où les hommes lui imposent de s'assumer contre l'Autre : on prétend la figer en objet, et la vouer à l'immanence puisque sa transcendance sera perpétuellement transcendée par une autre conscience essentielle et souveraine (Beauvoir 1949, I : 31).

Ces principes permettent d'éclairer la position de Simone de Beauvoir quant à la situation des femmes. On pourrait prendre comme point de départ le constat que ce monde appartient à l'homme et que celui-ci tend à maintenir la femme dans la position de l'autre. Mais quel privilège lui a permis d'accomplir sa volonté de dominer la femme? Simone de Beauvoir pointe d'abord la constitution biologique de la femme qui, *a priori*, paraît un handicap. De par sa nature, la femme connaît l'épreuve des menstruations, des grossesses et des accouchements. Les travaux domestiques, du fait qu'ils se situent dans le prolongement de la reproduction biologique, s'ajoutent comme une contrainte supplémentaire.

Pour bien comprendre ce point de vue, il faut le mettre en perspective avec le fait que, pour Beauvoir, engendrer et allaiter ne sont pas des activités, mais représentent plutôt des fonctions naturelles qui n'engendrent aucun projet. De la même façon,

> [...] les travaux domestiques auxquels la femme est vouée parce qu'ils sont seuls conciliables avec la charge de la maternité, l'enferment dans la répétition et l'immanence. Ils se reproduisent de jour en jour sous une forme identique qui se perpétue presque sans changement de siècle en siècle tout en ne produisant rien de neuf (*ibid.* : 112).

À l'opposé, pour les hommes,

> Ce n'est pas en donnant la vie, c'est en risquant sa vie que l'homme s'élève au-dessus de l'animal; c'est pourquoi dans l'humanité la supériorité est accordée non au sexe qui engendre mais à celui qui tue (*ibid.*).

Simone de Beauvoir montre également que l'oppression des femmes trouve sa justification dans la volonté de perpétuer la famille et de maintenir le patrimoine (*ibid.* : 145). Simone de Beauvoir soutient, par ailleurs, que le destin de la femme est lié au mariage. Or le mariage est, selon elle, un contrat qui n'engage pas de réciprocité. Il asservit la femme à un homme et la condamne au rôle de maîtresse du foyer. Dans le mariage, la femme met son corps au service de son époux (1949, II : 222-228).

Quant à la maternité, Simone de Beauvoir considère qu'elle est pure facticité de l'existence. En ce sens, la femme ne devrait pas être enfermée dans la maternité, car celle-ci signe son infériorité. Elle ne fait pas d'elle l'égale de l'homme. La mère est glorifiée dans le mariage parce qu'elle demeure subordonnée (*ibid.* : 388-389). Simone de Beauvoir décrit de façon parfois acerbe les inconvénients de la maternité, mais elle ne la rejette pas nécessairement. C'est parce que la maternité est vue comme une vocation naturelle de la femme qu'on condamne l'avortement. Simone de Beauvoir considère, cependant, que le contrôle des naissances et l'avortement sont des moyens qui permettent à la femme d'assumer ses maternités librement (*ibid.* : 330-344).

Pour Simone de Beauvoir, l'homme considère la femme comme l'autre, qu'il réduit à l'éternel féminin et l'enferme par conséquent dans sa nature biologique. Elle le démontre par l'étude entre autres des mythes de diverses sociétés. Cette oppression des femmes est spécifique dans la mesure où le lien qui les unit à leurs oppresseurs ne peut être comparé à aucun autre en dépit des analogies profondes entre leur condition et celle des Noirs, des Juifs et des prolétaires (1949, I : 18 à 26).

Les féministes des années 70 se réapproprient ces idées de Simone de Beauvoir dans l'élaboration de leurs théories. Le féminisme radical, particulièrement, est celui dont les liens avec *Le Deuxième Sexe* sont indéniables. À l'intérieur de cette tendance, les féministes matérialistes expliquent l'oppression des femmes par l'appropriation matérielle de leur travail principalement dans la famille, à travers le mariage. Parmi elles, on peut retenir entre autres Christine Delphy et Colette Guillaumin. Selon Delphy (1970 : 157-172), la famille constitue un mode de production domestique distinct du mode de production capitaliste. Dans ce mode de production domestique qui régit l'éducation des enfants, les services domestiques et bien d'autres, le mariage est un contrat de travail. Le mari est le seul employeur de la femme qui lui fournit un travail gratuit. Ce mode de production est caractérisé par l'appropriation du travail des femmes par les hommes. Ainsi, dans le mariage, les femmes et les hommes se trouvent dans des rapports de production qui les constituent en classes antagoniques. Comme il y a de fortes probabilités que toute femme se marie à un moment de sa vie, toutes les femmes sont destinées à intégrer ce mode de production, soutient Delphy (*ibid.* : 168). Les rapports de production qui en découlent forment un système d'exploitation patriarcal des femmes par les hommes. On peut dire que l'oppression des femmes prend alors, chez Delphy, un caractère universel.

Dans la même veine, Colette Guillaumin utilise le concept de « sexage » pour expliquer l'appropriation matérielle des femmes et de leur force de travail. Le mariage est l'expression de ce rapport de sexage qui fait que les femmes sont matériellement appropriées et qu'elles fournissent un travail d'entretien matériel et affectif qui s'étend aux autres membres de la famille, et ce, de façon permanente. D'après Guillaumin, le mariage exprime un rapport général du fait que 90 % des femmes et des hommes entrent dans cette relation à un moment donné de leur existence. L'appropriation matérielle ne réduit pas seulement les femmes au statut de chose, mais elle les renvoie à la nature (1992 : 20-49).

À l'instar de Simone de Beauvoir, Guillaumin fait également une analogie entre l'appropriation matérielle des femmes et celle des Noirs. Les femmes seraient vues comme un groupe naturel au même titre que les Noirs. Elle démontre que la domination des femmes comme celle des Noirs s'inscrit dans des rapports sociaux de pouvoir qui les relèguent au rang d'objet (*ibid.* : 171-194). Toujours dans une approche féministe radicale, mais cette fois biologisante, Firestone situe également la domination des femmes dans la famille. Les classes sexuelles, selon elle, sont les produits directs de la différence biologique. À partir de cette différence, les femmes sont dominées par les hommes parce qu'elles assurent la reproduction biologique. La famille biologique est alors la manifestation concrète de cette inégalité naturelle dans la répartition du travail. Cette domination des femmes est universelle (Firestone 1972 : 21-26).

Allant dans le sens de l'affirmation de l'oppression universelle des femmes, mais avec une démarche non biologisante, Kate Millett fait une description globale du patriarcat. Elle considère également la famille comme l'institution patriarcale par excellence du fait qu'elle est un des principaux agents de socialisation qui perpétue le patriarcat. Elle soutient qu'il existe entre les sexes un rapport de pouvoir comparable à celui qui lie les races et les classes. Toutefois, le rapport patriarcal dépasse toutes les formes de domination. Ces manifestations varient dans le temps et l'espace (Millett 1970 : 48-49). Aucune idéologie dominante n'a eu l'importance du patriarcat : aucun autre système n'a probablement exercé un contrôle si absolu sur ses sujets, souligne-t-elle (*ibid.* : 57). Cette idée est déjà également présente dans *Le Deuxième Sexe*, lorsque Simone de Beauvoir note que « le lien qui l'unit à ses oppresseurs n'est comparable à aucun autre » (1949, I : 19).

Les féministes postcoloniales, particulièrement les femmes noires, ont réagi contre cette façon de minimiser l'oppression raciale, qu'elles vivent comme une agression quotidienne. Le féminisme postcolonial est composite. Il fait référence au féminisme des femmes noires (*black feminism*) dans son sens large, c'est-à-dire qu'il englobe les femmes de descendance noire et des minorités qui ne sont pas de descendance blanche (Weedon 1999 : 158-160). Il inclut les femmes originaires des nations anciennement colonisées vivant en Occident et ailleurs. Au-delà de cette diversité, les féministes postcoloniales partagent l'idée que l'oppression par la race agit de façon concomitante avec l'oppression des femmes, et de ce fait, elles doit être combattue en même temps. Elles remettent également en cause l'impérialisme des féministes blanches (Mianda 1997).

Thiam (1978) soulève la question des priorités pour les luttes des femmes, notamment pour celles des pays colonisés d'Afrique. Dans une analyse que je considère radicale, elle traite des pratiques d'excision et d'infibulation par lesquelles le corps des femmes est mis au service sexuel des hommes[9] (Mianda 1997). Elle démontre, en outre, l'appropriation du corps de la femme africaine et sa force de travail par le colon blanc (Thiam 1978 : 157-159). Thiam adhère sans équivoque à l'idée de l'universalité du patriarcat. Elle résiste, cependant, à mener un combat uniquement et avant tout contre celui-ci au détriment de celui contre l'impérialisme et le racisme. Ces combats, selon elle, devraient être engagés simultanément.

> Nous ne prenons pas ici le problème de libération des femmes noires en termes de préalable ou de priorité. Et cela dans la mesure où deux aspects de lutte négro-africaines s'interfèrent : – la lutte pour une indépendance économique et politique effective – la lutte pour la reconnaissance et le respect des droits et devoirs. L'une ne doit exclure l'autre. Le mieux serait de conjuguer les deux luttes en même temps (*ibid.* : 156).

Awa Thiam ne fait certes pas un lien théorique entre sexe et race. Néanmoins, elle est l'une des premières à avoir relevé une préoccupation majeure du féminisme postcolonial, à savoir que la lutte contre le patriarcat doit se faire de pair avec celle contre le racisme. Cependant, comme elle écrit en français pour traiter des Africaines, son discours n'aura pas le même écho que celui des femmes noires d'Amérique du Nord. Le rapport à la langue, selon le lieu d'où on parle et de qui on parle, est également un rapport de pouvoir.

Les féministes noires américaines abondent dans le même sens que Thiam. Ainsi, Hooks (1999) montre que la race, le sexe et la classe sont liés dans la domination des femmes noires. Le sexisme n'est pas prioritaire par rapport au racisme. Les deux sont interconnectés (*ibid.* : 489-494). À son avis, le sexe, la race et la classe sont à la base des situations qui divisent les femmes au point qu'elles ne représentent pas une catégorie. De ce fait, ces femmes se retrouvent, d'après elle, dans des situations qui font ressortir leur solidarité avec les hommes. Elle soutient, en outre, que le discours féministe occidental s'adresse à une catégorie de femmes : les femmes blanches bourgeoises (*ibid.* : 487-500). Il suffit d'observer l'expérience concrète des femmes noires pour se rendre compte de cette réalité.

Il est pertinent d'interpréter cette position des féministes postcoloniales comme une remise en cause du féminisme radical. Mais ce qui est plus remarquable encore, c'est qu'elle dévoile toute l'importance des propos de Simone de Beauvoir dans *Le Deuxième Sexe* relatifs à l'analogie qu'elle établit entre la condition des femmes et celle des Noirs. Simone de Beauvoir notait en effet :

> Les Juifs sont « des autres » pour l'antisémite, les Noirs sont des « autres » pour les racistes américains, les indigènes pour les colons, les prolétaires pour les classes possédantes (1949, I : 16).
> Les prolétaires disent « nous ». Les Noirs aussi. [...] Les femmes – sauf en certains congrès qui restent des manifestations abstraites – ne disent pas « nous » [...] (*ibid.* : 19).

> [E]lles n'ont pas comme les prolétaires une solidarité de travail et d'intérêts; il n'y a pas même entre elles cette promiscuité spatiale qui fait des Noirs d'Amérique, des Juifs des ghettos, des ouvriers de Saint-Denis ou des usines de Renault une communauté. Elles vivent dispersées parmi les hommes, rattachées par l'habitat, le travail, les intérêts économiques, la condition sociale à certains hommes – père ou mari – plus étroitement qu'aux autres femmes. Bourgeoises elles sont solidaires des bourgeois et non des femmes prolétaires; blanches des hommes blancs et non des femmes noires [...]. Le lien qui l'unit à ses oppresseurs n'est comparable à aucun autre (*ibid.*).

Eu égard à la position des féministes postcoloniales et en prenant en compte ces propos, on peut admettre que Simone de Beauvoir posait déjà les bases d'un discours qui revendiquerait la différence au-delà de l'identité commune des femmes, ne serait-ce qu'en considérant la classe économique. Comme le souligne Margaret Simons (1999 : 7), Simone de Beauvoir envisageait déjà les situations qui séparent les femmes. Ainsi, les féministes postcoloniales rejoignent la position de Simone de Beauvoir. Elles s'en écartent lorsqu'elles soulignent la pertinence de la race et du patriarcat, qui sont interconnectés dans l'expérience des femmes noires.

Les féministes postcoloniales ne partagent pas la position de Simone de Beauvoir ni celle des féministes radicales parce que ces dernières accordent la prédominance au patriarcat. Spelman (1988 : 78-79), quant à elle, reproche à Simone de Beauvoir de nier, par sa comparaison de la situation des femmes à celle des Noirs et des Juifs, l'existence des femmes dans ces communautés. Simone de Beauvoir, selon Spelman, s'adresse à un groupe particulier de femmes et commet l'erreur de généraliser son analyse. À la défense de Simone de Beauvoir, Toril Moi (1995 : 455) soutient que Spelman semble confondre un énoncé sur l'oppression avec un énoncé sur l'identité. Rien dans la comparaison de Simone de Beauvoir n'implique que ces groupes n'incluent pas des femmes ou encore que toutes les femmes soient nécessairement blanches. Et Danielle Juteau (1999 : 109-114) s'oppose également à Spelman en affirmant que les femmes forment une catégorie du fait que le genre précède le sexe. En fait, c'est le genre, avec une hiérarchie déterminant l'oppression d'un sexe par l'autre, qui donne un sens au sexe biologique. Le genre agit comme un distributeur de pouvoir entre les sexes.

Si l'on peut admettre que les femmes forment une classe, il subsiste néanmoins des zones d'ombre qu'il faudrait élucider. En effet, lorsqu'on examine l'expérience des femmes noires dans certaines relations avec les femmes blanches, on peut s'interroger sur la possibilité que l'altérité fasse éclater la catégorie femme.

Weedon (1999 : 165-166) indique également que la race marque l'expérience des femmes noires. Les stéréotypes racistes, l'image romantique du noir primitif ou de la femme asiatique différente sont autant de marqueurs sociaux qui font partie de la vie quotidienne des femmes de couleur pour indiquer leur différence.

Les féministes postcoloniales revendiquent, en effet, la différence culturelle au nom de la race, de la classe, de l'ethnicité et du genre. Cette différence peut inclure une différence de conception dans la définition de « qu'est-ce qu'une femme? » (Lugones et Spelman 1999 : 474-486) ou encore les codes culturels (Hooks 1999 : 495). La question de la différence dans ce cas relève d'un autre registre qui doit être dissocié d'un certain discours féministe se cantonnant dans l'éloge d'une féminité spécifique (Irigaray 1990). La prétention universaliste de l'oppression des femmes ainsi que l'idée du groupe uni des femmes sont ainsi remises en cause par les féministes postcoloniales.

L'homogénéité du groupe des femmes tient au fait qu'elles sont caractérisées comme groupe uni à partir de l'oppression dont elles sont victimes. Cette oppression suppose donc une notion sociologique de similarité des femmes dans leur domination. Par conséquent, selon Mohanty (1995 : 259-263), il y a lieu de distinguer les femmes comme groupe discursivement construit, des femmes comme sujets de leur propre histoire. Ce qui permet, selon elle, de prendre en compte la diversité des relations dans lesquelles les femmes sont engagées eu égard au contexte sociohistorique et culturel. Elle préconise alors des analyses qui indiqueraient de quelle manière les femmes sont produites comme groupes sociopolitiques dans des contextes historiques et culturels spécifiques. Spivak (1992), une des figures marquantes du féminisme postcolonial, soutient que c'est seulement dans la reconnaissance des différences entre les femmes que la communauté des femmes peut exister.

Toute proclamation de la différence apparaît généralement comme une menace pour le groupe qui prétend à l'homogénéité. Aussi, la revendication du droit à la différence heurte certaines féministes occidentales. Elles s'y opposent par crainte des dérives identitaires susceptibles de mener, de leur point de vue, à la naturalisation des différences et à la transformation des cultures en « nature seconde » (Kandel 1995 : 366). Il est évident que le relativisme culturel poussé à l'extrême peut conduire à un antiracisme différentialiste qui nie la référence à toute valeur universelle (Taguieff 1995 : 256). D'autre part, l'exaltation de l'homogénéité peut renvoyer également au racisme comme différentialisme radical au point que l'individu perde toute attache culturelle (*ibid.* : 255-250). Il n'y a pas lieu non plus d'interpréter la revendication des féministes postcoloniales comme « le triomphe de la différence » (Felski 1997) en vue de s'aligner sur des positions déconstructivistes extrêmes.

On peut conclure que par les questions qu'il soulève le discours féministe postcolonial plonge ses racines dans *Le Deuxième Sexe*. Tout en demeurant un discours postcolonial, il développe son argument en faveur du *Deuxième Sexe* et du féminisme radical mais également contre certaines de leurs idées. Il contribue, par ailleurs, par ses préoccupations propres à l'enrichissement et au renouvellement du féminisme en général. Il pose un défi au féminisme contemporain dans la recherche des voies de sororité par delà la race et la classe.

Vers un féminisme pluriel : la différence culturelle non antagonique

De prime abord, le discours sur la différence culturelle pourrait rendre aléatoire l'idée de sororité et étouffer ses possibilités de mise en pratique. Pourtant, du point de vue des féministes postcoloniales, la différence est un élément central à partir duquel on pourrait bâtir politiquement une réelle sororité. En effet, il peut y avoir une place dans cette diversité pour une action collective qui canaliserait toutes les différences sur une base d'acceptation participative plutôt que sur celle d'une tolérance qui mènerait à l'indifférence. De cette façon, l'on pourrait concevoir une sororité qui repose sur l'inclusion et qui rendrait inopérante toute procédure d'exclusion de telle sorte que toutes les personnes participent à un universel non androcentrique et non ethnocentrique.

Il ne faudrait pas penser ce respect de la diversité comme une tolérance face aux attitudes sexistes ou racistes qui confortent les inégalités. Peut-être qu'il est difficile de concilier théoriquement la différence culturelle et la sororité, mais dans l'expérience concrète, à travers des réseaux communautaires, des réseaux au niveau international, récemment avec la Marche des femmes, les femmes font la preuve qu'une sororité politique est possible au delà des différences de race, de classe et d'ethnie. Elles démentent ainsi Simone de Beauvoir parce que leur sororité n'est alors pas du tout mécanique.

Notes

1. Féminisme et postcolonialisme s'accordent dans la mesure ou chacun d'eux remet en cause les structures de domination et vise une action politique en vue d'un changement. Cependant, contrairement au postcolonialisme, le féminisme questionne le patriarcat. Ainsi, la critique féministe postcoloniale dénonce le patriarcat à l'œuvre dans le postcolonialisme.

2. Le postcolonialisme est un domaine de recherche qui recoupe plusieurs disciplines en sciences sociales. Le terme lui-même ne doit pas être compris strictement dans un sens historique comme marquant la fin d'une période coloniale. Il est entendu au sens large, c'est-à-dire couvrant aussi bien la période coloniale que postcoloniale. Compte tenu de l'histoire de la colonisation, de sa nature et de l'espace géographique colonisé, le postcolonialisme englobe alors des réalités diverses. Les sujets postcoloniaux ne constituent pas un groupe homogène. C'est pourquoi le concept même suscite toujours des débats.

3. Djamila Boupacha était une militante du Front de libération nationale (FLN) qui a été violée. Gisèle Halimi avait assuré sa défense avec l'appui de Simone de Beauvoir.

4. La négritude est née dans les années 30 à Paris dans le milieu des étudiants et des intellectuels d'origine africaine, antillaise et guyanaise. La paternité du concept de négritude est attribuée à Senghor mais son origine – Senghor le souligne – est noire américaine. Lui-même et les étudiants noirs de Paris ont été influencés par le mouvement culturel négro-américain (Senghor 1988 : 138 -139; Chevrier 1999 : 15-16).

5. Il semble que, pour comprendre l'éloge que Senghor fait de la femme, il faut remonter à ses trois cultures féodales : la culture wolof, sérère et peule. Mais on oublie souvent qu'il est également de religion catholique, à laquelle il n'est pas resté indifférent.

6. *Peau noire, masques blancs* est le premier ouvrage qui traite de l'identité du colonisé (Memmi 1966). Frantz Fanon est reconnu comme celui qui, parmi tant d'autres, a beaucoup contribué à l'élaboration de la théorie anticoloniale, et la résistance postcoloniale, au point d'être considéré par certains comme le père fondateur de la théorie anticoloniale (Childs et Williams 1997 : 49).

7. Assia Djebar est une Algérienne musulmane. Elle a émergé comme écrivaine durant la guerre. Elle a fait ses études dans le système français, et elle écrit en français. Elle demeure attachée à sa culture arabe en dépit du fait qu'elle s'est montrée très critique vis-à-vis du gouvernement pour avoir imposé l'arabe comme langue officielle.

8. Marie Cardinal est une Française née en Algérie. Sa famille avait quitté l'Algérie pour la France avant la guerre d'indépendance.

9. Il faut remarquer que Thiam rejette l'étiquette féministe, même si son analyse demeure féministe dans sa démarche et dans ce qu'elle dénonce.

Bibliographie

ADORNO, Theodor (1984). *Notes sur la littérature*, Paris, Flammarion.

AGACINSKI, Sylviane (1998). *Politique des sexes*, Paris, Seuil.

ANDERSEN, Marguerite (1985). « Simone de Beauvoir on Aging », *Canadian Woman Studies/Les Cahiers de la femme*, vol. 5, n° 3, p. 29-31.

ANONYME (1971). *Manifeste des femmes québécoises*, Montréal, L'Étincelle.

ATKINSON, Ti-Grace [1970]. *Odyssée d'une amazone*, Paris, Des femmes, 1994.

BADINTER, Élisabeth (1999). « Un remède pire que le mal », *Le Nouvel Observateur*, n° 1784, 14-20 janvier, p. 84.

BAIR, Deirdre (1991). *Simone de Beauvoir*, Paris, Fayard.

BARBARA et Christine de CONINCK (1977). *La Partagée*, Paris, Minuit.

BARRET-DUCROCQ, Françoise (2000). « Un sexe peut-il en cacher un autre? » dans Forum Diderot, *De la différence des sexes entre les femmes*, Paris, PUF, p. 9-25.

BARRY, Kathleen (1982). *L'esclavage sexuel de la femme*, Paris, Stock.

———————— (1984). « La théorie, les preuves et l'analyse de l'esclavage sexuel », *Nouvelles Questions féministes*, n° 8, p. 41-60.

BAUDRILLARD, Jean (1968). *Le Système des objets*, Paris, Gallimard.

———————— (1972). *Pour une critique de l'économie politique du signe*, Paris, Gallimard.

———————— (1981). *Simulations et simulacres*, Paris, Galilée.

———————— (1983). *Les Stratégies fatales*, Paris, Grasset.

BEAUVOIR, Simone de (1945). *Le Sang des autres*, Paris, Gallimard.

———————— [1947]. *Pour une morale de l'ambiguïté*, Paris, Gallimard, 1969.

———————— (1948). *L'Amérique au jour le jour*, Paris, Gallimard.

———————— [1949]. *Le Deuxième Sexe*, tome I : *Les faits et les mythes*; tome II : *L'expérience vécue*, Paris, Gallimard, coll. Folio, 1999.

———————— [1958]. *Mémoires d'une jeune fille rangée*, Paris, Gallimard, coll. Folio, 1971.

———————— [1960]. *La Force de l'âge*, Paris, Gallimard, 1970.

———————— [1963]. *La Force des choses*, tomes 1 et 2, Paris, Gallimard, 1969.

———————— (1970). *La Vieillesse*, tomes 1 et 2, Paris, Gallimard, coll. Folio.

———————— (1972). *Tout compte fait*, Paris, Gallimard, coll. Folio.

BEAUVOIR, Simone de et Gisèle HALIMI [1962]. *Djalila Boupacha*, Paris, Gallimard, 1981.

BELL, Laurie (dir.) (1987). *Good Girls/Bad Girls. Feminists and Sex Trade Workers Face to Face*, Toronto, The Women's Press.

BELL, Laurie (1992). « Play in a Sartrean Feminist Ethics », *Bulletin de la société américaine de philosophie de langue française*, vol. IV, n° 2-3, p. 285-288.

———————— (1993). *Rethinking Ethics in the Midst of Violence. A Feminist Approach to Freedom*, Boston, Rowman & Littlefield.

BELL, Shannon (1994). *Reading, Writing & Rewriting the Prostitute Body*, Bloomington, Indiana University Press.

BOUCHER, Denise (1984). « Témoignages. Simone de Beauvoir féministe », *La Vie en rose*, n° 16, mars, p. 39.

BROSSARD, Nicole (1976). « L'écrivain » dans L. Guilbault *et al.*, *La Nef des sorcières*, Montréal, Quinze.

———————— (1985). *La Lettre aérienne*, Montréal, Remue-ménage.

———————— [1977]. *L'Amèr ou le Chapitre effrité*, Montréal, L'Hexagone, coll. Typo, 1988.

BUTLER, Judith (1987). « Sex and Gender in Simone de Beauvoir's Second Sex », *Yale French Studies*, n° 72, p. 35-49.

———————— (1990). *Gender Trouble. Feminism and the Subversion of Identity*, Londres/New York, Routledge.

———————— (1997). *Excitable Speech : A Politics of the Performance*, Londres/New York, Routledge.

CARDINAL, Marie (1975). *Les Mots pour le dire*, Paris, Grasset.

———————— (1986). « Simone de Beauvoir : nous ne pourrons plus nous cacher derrière elle ; La papesse et le larron », *Le Devoir*, 19 avril, p. 19.

CARISSE, Colette et Joffra DUMAZEDIER (1975). *Les Femmes innovatrices*, Paris, Seuil.

CHALEIL, Marc (1981). *Le Corps prostitué. Le Sexe dévorant*, Paris, Galilée.

CHAPERON, Sylvie (1996). « Les mouvements féminins face à l'État masculin de 1945 à 1970 » dans É. Viennot (dir.), *La Démocratie « à la française » ou les Femmes indésirables*, Paris, L'Université de Paris 7- Denis Diderot, p. 242-270.

——————— (1997). « La deuxième Simone de Beauvoir », *Les Temps modernes*, n° 593, p. 112-143.

——————— (1999). « Simone de Beauvoir, cinquante ans après. *Le Deuxième Sexe* en héritage », *Le Monde diplomatique*, janvier, p. 27.

——————— (2000). *Les Années Beauvoir, 1945-1970*, Paris, Fayard.

CHEVRIER, Jacques (1999). *La Littérature nègre*, Paris, Armand Colin.

CHILDS, Peter et Patrick WILLIAMS (1997). *An Introduction to Post-Colonial Theory*, Londres, Prentice Hall/Harvester/Wheatsheaf.

CLICHE, Élène (1986). « Le miroir qui ment », *Spirale*, n° 60, avril, p. 13.

CLOUGH, Patricia Ticineto (1994). *Feminist Thought Desire, Power and Academic Discourse*, Oxford/Cambridge, Blackwell.

COLLECTIF CLIO (1992). *L'Histoire des femmes au Québec*, 2ᵉ édition, Montréal, Le Jour.

COLLIN, Françoise (1986). « Un héritage sans testament », *Les Cahiers du GRIF*, n° 34, p. 81-92.

——————— (1999). *Le Différend des sexes*, Paris, Pleins Feux.

COLLIN, Françoise, Évelyne PISIER et Eleni VARIKAS (2000). *Les Femmes de Platon à Derrida. Anthologie critique*, Paris, Plon.

CONSEIL DU STATUT DE LA FEMME (1978). *Pour les Québécoises : Égalité et indépendance*, Québec, Éditeur officiel.

CONSEIL NATIONAL DU BIEN-ÊTRE SOCIAL (1999). *Guide des pensions. Rapport*, Ottawa, CNBES.

DANSEREAU, Michel (1957). « À propos du *Deuxième Sexe* de Simone de Beauvoir », *Cité libre*, juin, p. 51-68.

DAVID, Hélène (1995). « Rapports sociaux et vieillissement de la population », *Sociologie et sociétés*, vol. XXVII, n° 2, p. 57-68.

DELPHY, Christine (Dupont) (1970). « L'ennemi principal », *Partisans*, n° 55, p. 157-172.

DE CALAN, Madeleine (1950). « La question des femmes », *Liaison*, vol. XXI, n° 4, janvier, p. 207-215.

DE CERTEAU, Michel (1990). *L'Invention du quotidien*, tome 1 : *Arts de faire*, Paris, Gallimard.

DEVOIR (LE) (1986). « Simone de Beauvoir n'est plus », *Le Devoir*, 15 avril, p. 1.

DE SÈVE, Micheline (1985). *Pour un féminisme libertaire*, Montréal, Boréal.

——————— (1999). « Les féministes québécoises et leur identité civique » dans D. Lamoureux, C. Maillé et M. de Sève (dir.), *Malaises identitaires. Échanges féministes autour d'un Québec incertain*, Montréal, Remue-ménage, p. 167-184.

DIETZ, Mary (1992). « Introduction : Debating Simone de Beauvoir », *Signs*, n° 18, p. 1.

DOREZ, Aurelia (1988). *Nicole Brossard : Trajectoires*, mémoire de maîtrise, département de Lettres modernes, Université d'Artois.

DOUCET, Philippe (1997). *Senghor. Éthiopiques*, Paris, Ellipses.

DUBUC, Madeleine (1986). « Une vie de passions; Simone de Beauvoir », *La Presse*, 8 mars, p. E-8.

DUPRÉ, Louise (1988). « Du propre au figuré », préface à Nicole Brossard, *L'Amèr ou le Chapitre effrité*, Montréal, L'Hexagone, coll. Typo.

ENGELS, Friedrich [1884]. *L'Origine de la famille, de la propriété privée et de l'État*, Paris, Éditions sociales, 1975.

ENZENSBERGER, Hans [1962]. « Poesie und politik », *Einzelheiten II*, Suhrkampf Verlag, 1984.

ÉTHIER, Jean-René (1986). « Elle et lui », *L'Analyste*, n° 14, été, p. 80-81.

FALUDI, Susan (1993). *Backlash. La guerre froide contre les femmes*, Paris, Des femmes.

FANON, Frantz (1952). *Peau noire, masques blancs*, Paris, Seuil.

——————— (1968). *Sociologie d'une révolution. L'an V de la révolution algérienne*, Paris, Maspero.

FASSIN, Éric (2000). « Parentalité et filiation face aux discriminations. L'égalité entre les sexes et les sexualités au principe d'une nouvelle approche de la famille », table-ronde en compagnie de Marcela Iacub et de Rose-Marie Lagrave, *Mouvements*, n° 8, mars-avril, p. 70-82.

FELSKI, Rita (1997). « The Doxa of Difference », *Signs*, vol. 23, n° 1, p. 1-22.

FIRESTONE, Shulamith (1972). *La Dialectique du sexe*, Paris, Stock.

FRAISSE, Geneviève (1996). *La Différence des sexes*, Paris, PUF.

——————— (2000). « La controverse des sexes » dans Yves Michaud (dir.). Qu'est-ce que la société?, vol. 3 : *Université de tous les savoirs*, Paris, Odile Jacob, p. 505-513.

FULLBROOK, Edward et Kate FULLBROOK (1998). *Simone de Beauvoir. A Critical Introduction*, Oxford, Polity Press.

GANDHI, Leela (1998). *Postcolonial Theory. A Critical Introduction*, New York, Columbia University Press.

GERASSI, J. (1976). « *Le Deuxième Sexe,* vingt-cinq ans après. Interview avec Simone de Beauvoir, *Society* » dans Claude Francis et Fernande Gontier (dir.), *Les Écrits de Simone de Beauvoir*, Paris, Gallimard, p. 547-565.

GOTHLIN, Eva (2001). *Sexe et existence. La philosophie de Simone de Beauvoir*, Paris, Michalon.

GUÉNETTE, Françoise (1984). « 35 ans après le Deuxième Sexe », *La Vie en rose*, n° 16, mars, p. 3.

GUILLAUMIN, Colette (1992). *Sexe, race et politique du pouvoir*, Paris, Côté-femmes.

GUILLEMARD, Anne-Marie (1972). *La Retraite, une mort sociale*, Paris, EPHE/Mouton.

————————— (1991). « Faut-il avoir peur? » dans B. Veysset-Puijalon, avec la coll. de L. Savier (dir.), *Être vieux. De la négation à l'échange*, Paris, Autrement, série Mutations, n° 124, p. 29-40.

GULLETTE, Margaret M. (1997). « Menopause as Magic Marker. Discursive Consolidation in the United States and Strategies for Cultural Combat » dans P. Komesaroff, P. Rothfield et J. Daly (dir.), *Reinterpreting Menopause. Cultural and Philosophical Issues*, New York/Londres, Routledge, p. 176-199.

HALIMI, Gisèle (1988). *Le Lait de l'oranger*, Paris, Gallimard.

HARDING, Sandra (1989). « The Instability of the Analystical Categories of Feminist Theory » dans M. Malson, J. O'Barr, S. Westphal-Wihl et M. Wyer (dir.), *Feminist Theory in Practice and Process*, Chicago, University of Chicago Press, p. 15-34.

HALPERN-GUEDJ, Betty (1998). *Le Temps et le Transcendant dans l'œuvre de Simone de Beauvoir*, Tübingen, Gunter Narr.

HÉRITIER, Françoise (1996). *Masculin/Féminin*, Paris, Odile Jacob.

HOAGLAND, Sarah (1988). *Lesbian Ethics : Toward New Values*, Palo Alto (Californie), Institute for Lesbian Studies.

HOOKS, Bell (1999). « Sisterhood : Political Solidarity between Women » dans Janet A Kourany, James P. Sterba et Rosemarie Tong (dir.), *Feminist Philosophies. Problems, Theories and Applications*, 2ᵉ édition, Londres, Pluto Press/Prentice Hall, p. 487-500.

————————— (1986). *Ain't I a Woman : Black Women and Feminism*, Londres, Pluto Press.

HUSTON, Nancy (1984). « Les enfants de Simone de Beauvoir », *La Vie en rose*, n° 16, mars, p. 41-44.

————————— (1987). « Les pièges de la gémellité : Sartre/Beauvoir et Plath/Hughes », *Liberté*,n° 172, août, p. 18-38.

HUTCHEON, L. (1995). « Circling the Downspout of Empire » dans B. Ashcroft, G. Griffiths et H. Tiffin (dir.), *PostColonialism Studies Reader*, Londres, Routledge, p. 130-135.

IRIGARAY, Luce (1990). *Je, tu, nous : pour une culture de la différence*, Paris, Grasset.

IVEKOVIC, Rada (1994). *Die Postmoderne und das Weibliche in der Philosophie*, Vienne, Oldenbourg.

————————— (1997). *Le Sexe de la philosophie. Essai sur Jean-François Lyotard et le féminin*, Paris, L'Harmattan.

JAMESON, Frederic (1995). « The Sartrean Origin », *Sartre Studies International*, vol. 1, n° 1-2, p. 1-20.

JOUANNY, Robert (1986). *Les Voies du lyrisme dans les « poèmes » de Léopold Sédar Senghor (Chants d'ombre, Hosties noires, Éthiopiques, Nocturnes)*, Paris, Librairie Honoré Champion.

JUTEAU, Danielle (1999). *L'Ethnicité et ses frontières*, Montréal, Les Presses de l'Université de Montréal.

KANDEL, Liliane (1995). « Féminisme, multiculturalisme cosmopolitisme. Migration de l'identité dans les mouvements des femmes », *La Place des femmes*, Paris, La Découverte, p. 363-369.

KESTELOOT, Lilyan (1987). *Comprendre les poèmes de Léopold Sédar Senghor*, Paris, Les classiques africains.

KOLODNY, Annette (1986). « Dancing Trough the Minefield : Some Observations on the Theory, Practice and Politics of a Feminist Literacy Criticism » dans M. Pearsall (dir.), *Women and Values : Readings in Recent Feminist Philosophy*, Belmont, Wadsworth, p. 242-257.

KRIEGEL, Blandine (1998). *La Cité républicaine*, Paris, Galilée.

KRUKS, Sonia (1993). « Genre et subjectivité : Simone de Beauvoir et le féminisme contemporain », *Nouvelles Questions féministes*, vol. 14, n° 1, p. 3-28.

————————— (1995). « Simone de Beauvoir : Teaching Sartre About Freedom » dans M. Simons (dir.), *Feminist Interpretations of Simone de Beauvoir*, Philadelphie, Pennsylvania University Press, p. 79-96.

LAMOUREUX, Diane (1986). *Fragments et collages. Essai sur le féminisme québécois des années 1970*, Montréal, Remue-ménage.

LAMY, Suzanne (1986). « Lentement, le féminin s'élabore », *Spirale*, n° 62, été, p. 22.

LANCTÔT, Martine (1980). *Genèse et évolution du mouvement féministe à Montréal*, mémoire de maîtrise, Département d'histoire, Université du Québec à Montréal.

LASNIER, Michelle (1964). « *Le Deuxième Sexe* c'est notre bible », *Châtelaine*, vol. 5, n° 4, p. 19, 62-66.

LAURIER, Marie (1986). « Simone de Beauvoir », *Le Devoir*, 15 avril, p. 6.

LAURIN-FRENETTE, Nicole (1977). « La libération des femmes » dans Marie Lavigne et Yolande Pinard (dir.), *Les Femmes dans la société québécoise*, Montréal, Boréal.

LAUZON, Adèle (1957). « La femme est-elle exploitée ? », *Cité libre*, juin, p. 379-387.

LE DOEUFF, Michèle (1989). *L'Étude et le Rouet*, Paris, Seuil.

————————— (1995). « Problèmes d'investiture. (De la parité, etc.) », *Nouvelles Questions féministes*, vol. 16, n° 2, p. 5-80.

LIPOVESKY, Gilles (1997). *La Troisième Femme*, Paris, Gallimard.

LOOMBA, Ania (1998). *Colonialism/Postcolonialism*, Londres/New York, Routledge.

LORAUX, Nicole (1981). *Les Enfants d'Athéna*, Paris, Maspero.

————————— (1989). *Les Expériences de Tirésias*, Paris, Gallimard.

————————— (1990). *Les Mères en deuil*, Paris, Seuil.

LORDE, Audre (2000). « Age, Race, Class, and Sex : Women Redefining Difference » dans M. Baga Zinn, P. Hondagneu-Sotelo et M.A. Messner (dir.), *Gender Through the Prism of Difference*, 2e édition, Boston, Allyn and Bacon, p. 503-508.

LUGONES, Maria (1991). « Playfulness. World-Travelling and Loving Perception », *Hypatia*, vol. 2, n° 2, p. 3-19.

LUGONES, Maria et E. SPELMAN (1999). « Have We Got a Theory for You! Cultural   Imperialism, and the Demand for "The Women's Voice," » dans Janet A. Kourany, James P. Sterba et Rosemarie Tong (dir.), *Feminist Philosophies. Problems, Theories and Applications*, 2e édition, Londres, Pluto Press/Prentice Hall, p. 474-486.

LYOTARD, Jean-François (1974). *Économie libidinale*, Paris, Minuit.

————————— (1979). *La Condition postmoderne*, Paris, Minuit.

MARTINEAU, Richard (1991). « Les féministes au banc des accusés », *Châtelaine*, vol. 32, n° 6, juin, p. 107-108.

McDONALD, Lynn (1997). « The Invisible Poor : Canada's Retired Widows », *Canadian Journal on Aging/Revue canadienne du vieillissement*, vol. 16, n° 3, p. 553-584.

MEMMI, Albert (1966). *Portrait du colonisé*, Paris, Jean-Jacques Pauvert.

MIANDA, Gertrude (1997). « Féminisme africain : divergences ou convergence des discours », *Présence africaine*, n° 155, p. 87-99.

MIGNARD, Annie (1976). « Propos élémentaires sur la prostitution », *Les Temps modernes*, n° 356, p. 1526-1579.

MILLETT, Kate [1970]. *La Politique du mâle*, Paris, Stock, 1978.

——————————— (1971). *La Prostitution. Quatuor pour voix féminines*, Paris, Denoël-Gonthier, 1972.

MOHANTY, Chandra Talpade (1995). « Under Western Eyes. Feminist Scholarship and Colonial Discourses » dans B. Ashcroft, G. Grifiths et H. Tiffin (dir.), *PostColonialism Studies Reader*, Londres, Routledge, p. 254-263.

MOI, Toril (1990). *Feminist Theory and Simone de Beauvoir. The Bucknell Lectures*, Oxford, Blackwell.

——————————— (1995). *Simone de Beauvoir. Conflits d'une intellectuelle*, Paris, Diderot. (Édition originale *Simone de Beauvoir. The Making of an Intellectual Woman*, Cambridge, Blackwell, 1994.)

MONTREYNAUD, Françoise (1989). *Le XXe siècle des femmes*, Paris, Nathan.

MUEL-DREYFUS, Francine (1996). *Vichy et l'Éternel féminin. Contribution à une sociologie politique de l'ordre des corps*, Paris, Seuil.

MURPHY, Julien (1996). « Beauvoir and the Algerian War : Toward a Postcolonial Ethics » dans Margaret A. Simons (dir.), *Feminist Interpretations of Simone de Beauvoir*, Philadelphie, Pennsylvania University Press, p. 263-297.

O'LEARY, Véronique et Louise TOUPIN (1982) et (1983). *Québécoises deboutte!*, tomes 1 et 2, Montréal, Remue-ménage.

PARENT, Colette (1994). « De la honte aux revendications : la problématique de la vente des services sexuels » , *Revue de droit pénal et de criminologie*, n° 9-10, p. 975-992.

PARENT, Colette et Cécile CODERRE (2000). « Le corps social de la prostituée : regards criminologiques » dans S. Frigon et M. Kérisit (dir.), *Du corps des femmes. Contrôles, surveillances et résistances*, Ottawa, Les Presses de l'Université d' Ottawa, p. 92-124.

PARKER, Alice A. (1988). *Liminal Visions of Nicole Brossard*, Berne, Peter Lang, coll. Francophone Cultures and Literature.

PEDNEAULT, Hélène (1984). « Simone de Beauvoir féministe », *La Vie en rose*, n° 16, p. 25-44.

PELLETIER, Denise (1990). « Simone de Beauvoir : La passion d'être », *Nuit blanche*, n° 41, septembre-novembre, p. 32-34.

PELLETIER-BAILLARGEON, Hélène (1986). « Simone de Beauvoir, distante et proche », *La Presse*, 26 avril, p. B-2.

——————— (1986). « Simone de Beauvoir ou l'échec d'une chrétienté », *Relations*, n° 521, juin, p. 132-133.

PETROWSKI, Nathalie (1986). « Simone de Beauvoir ; les adieux sans cérémonie », *Le Devoir*, 15 avril, p. 5.

PHETERSON, G. (1989). *A Vindication of the Rights of Whores*, Seattle, Seal Press.

PILOTE, Hélène (1964). « Simone de Beauvoir ; la femme et son combat », *Châtelaine*, vol. 5, n° 4, avril , p. 59-64.

RAYNOVA, Yvanka (1987). « Liberty. The Destiny of Simone de Beauvoir », *Dharshana International*, n° 105, p. 31-38.

——————— (1995a). *Jean-Paul Sartre, filosofat bes Bog* [Jean-Paul Sartre, le philosophe sans Dieu], Pleven, EA.

——————— (1995b). « *L'Être et le Néant* : une lecture post-personnaliste », *Études sartriennes*, n° 6, p. 79-90.

——————— (1998). « Beauvoir, ili da jiveesh po sobstvenite si zakoni » [Beauvoir, ou vivre d'après ses propres lois], *Filosofska misul*, p. 84-90.

RÉTIF, Françoise (1989). *Simone de Beauvoir et Ingeborg Bachmann : Tristan ou l'Androgyne?*, Berne, Peter Lang.
——————— (1998). *L'Autre en miroir*, Paris, L'Harmattan.

RODGERS, Catherine (1998). *Le Deuxième Sexe de Simone de Beauvoir. Un héritage admiré et contesté*, Paris, L'Harmattan.

ROSANVALLON, Pierre (1992). *Le Sacre du citoyen*, Paris, Gallimard.

SAINT-CHERON, Françoise de (1988). *Senghor et la terre*, Paris, Sang de la terre.

SAINT-JACQUES, Denis, Julia BETTINOTTI, Marie-José DES RIVIÈRES, Paul BLETON et Chantal SAVOIE (1998). *Femmes de rêve au travail. Les femmes et le travail dans les productions écrites de grande consommation au Québec, de 1945 à aujourd'hui*, Québec, Nota bene.

SAINT-MARTIN, Fernande (1964). « Le bonheur ou le malheur d'être femme », *Châtelaine*, vol. 5, n° 4, avril, p. 19.

SAINT-MARTIN, Lori (1991). « Compte rendu du livre *Simone de Beauvoir : A Biography* de D. Bair », *Spirale*, n° 107, été, p. 18.

SARTRE, Jean-Paul [1943]. *L'Être et le Néant*, Paris, Gallimard, coll. Tel, 1976.

———————— (1946). *Réflexions sur la question juive*, Paris, Gallimard.

———————— (1949). « Orphée noir », *Situations III*, Paris, Gallimard.

———————— (1952). *Saint Genet, comédien et martyr*, Paris, Gallimard.

———————— (1983). *Cahiers pour une morale*, Paris, Gallimard.

SCHNAPPER, Dominique (1998). *La Relation à l'autre*, Paris, Gallimard.

SCHWARTZER, Alice [1972]. « La femme révoltée », *Le Nouvel Observateur*, 14 février, dans Claude Francis et Fernande Gontier (dir.), *Les Écrits de Simone de Beauvoir*, Paris, Gallimard, 1976, p. 482-497.

———————— (1984). *Simone de Beauvoir aujourd'hui. Six entretiens*, Paris, Mercure de France.

SENGHOR, S. Léopold (1988). *Ce que je crois*, Paris, Grasset.

SHAVER, Fran M. (1994). « The Regulation of Prostitution : Avoiding the Morality Trap », *Revue canadienne de droit et société*, vol. 9, n° 1, p. 123-145.

SIMONS, Margaret A. (1986). « Beauvoir and Sartre : The Philosophical Relationship », *Yale French Studies*, n° 72, p. 165-179.

———————— (dir.) (1995). *Feminist Interpretations of Simone de Beauvoir*, Philadelphie, Pennsylvania University Press.

———————— (1999). *Beauvoir and the Second Sex. Feminism, Race, and the Origins of Existentialism*, Lanham, Rowman & Littlefield.

SINGER, Linda (1985). « Interpretation and Retrieval : Rereading Beauvoir », *Women's Studies International Forum*, vol. 8, n° 3, p. 231-238.

SPELMAN, Elizabeth V. (1988). *Inessential Woman. Problems of Exclusion in Feminist Thought*, Boston, Beacon Press.

SPIVAK, Gayatri Chakravorty (1992). « French Feminism Revisited. Ethics and Politics » dans J. Butler et J.W. Scott (dir.), *Feminist Theories, The Political*, Londres/New York, Routledge, p. 54-85.

TABET, Paula (1987). « Du don au tarif. Les relations sexuelles impliquant une compensation », *Les Temps modernes*, n° 490, p. 1-53.

TAGUIEF, Pierre-André (1995). *Les Fins de l'anti-racisme*, Paris, Michalon.

TAHON, Marie-Blanche (2000). « Des femmes envisagées » dans S. Frigon et M. Kérisit (dir.), *Du corps des femmes. Contrôles, surveillances et résistances*, Ottawa, Les Presses de l'Université d'Ottawa, p. 255-303.

THIAM, Awa (1978). *La Parole aux négresses*, Paris, Denoël-Gonthier.

THOMAS, Yan (1986). « À Rome, pères citoyens et cité des pères » dans A. Burguière *et al.* (dir.), *Histoire de la famille*, tome 1, Paris, Armand Colin, p. 195-229.

———————— (1991). « La division des sexes en droit romain » dans G. Duby et M. Perrot (dir.), *Histoire des femmes en Occident*, tome 1, Paris, Plon, p. 103-156.

UNIVERSITÉ DES FEMMES (1999). « Simone de Beauvoir. Cinquantenaire du *Deuxième Sexe*, 1949-1999 », *Chronique féministe*, n° 69, Bruxelles, mai-juin.

URBANIK-RIZK, Annie (1997). *Léopold S. Senghor. Éthiopiques*, Paris, Ellipses.

VERNANT, Jean-Pierre (1999). *L'Univers, les Dieux, les Hommes. Récits grecs des origines*, Paris, Seuil.

WALKOWITZ, Joan R. (1991). « Sexualités dangereuses » dans Geneviève Fraisse et Michelle Perrot (dir.), *Histoire des femmes en Occident*, tome IV : *Le XIXe siècle*, Paris, Plon, p. 389-418.

WAULTHIER, Claude (1977). *L'Afrique des Africains. Inventaire de la négritude*, Paris, Seuil.

WEEDON, Chris (1999). *Feminism, Theory and the Politics of Difference*, Oxford, Blackwell.

ZÉPHIR, Jacques (1982). *Le Néo-féminisme de Simone de Beauvoir*, Paris, Denoël-Gonthier.

Les auteures

Cécile Coderre est professeure titulaire à l'École de service social de l'Université d'Ottawa et elle en est actuellement la directrice. Ses intérêts de recherche touchent la violence faite aux femmes, le mouvement des femmes francophones, les approches féministes et communautaires et les rapports des femmes à l'État. Elle s'est intéressée aussi à la sociologie du travail et de la famille, plus spécifiquement aux femmes gestionnaires des grandes entreprises privées et publiques. Elle est coauteure de *Femmes de carrière, carrières de femmes* (Presses de l'Université d'Ottawa, 1999).

Marie Couillard est professeure agrégée au département des lettres françaises de l'Université d'Ottawa. Auteure de nombreux articles sur les textes de femmes écrivains d'Europe et d'Amérique, ses recherches portent surtout sur l'œuvre de Marie-Claire Blais. Elle s'intéresse également aux constructions identitaires nationales et à l'interculturel et ses manifestations discursives dans les échanges entre le Canada et l'Amérique latine.

Marie-José des Rivières est chargée de recherche au Musée de la civilisation de Québec. Elle est aussi professeure associée au département des littératures de l'Université Laval, membre du comité de rédaction de la revue *Recherches féministes*, membre du Groupe de recherche multidisciplinaire féministe et membre du Centre de recherche en littérature québécoise de cette même université. Elle a publié un livre issu de sa thèse de doctorat, *Châtelaine et la littérature (1960-1975)* (L'Hexagone, 1992) et, par la suite, de nombreux articles dans des revues et des collectifs. Elle poursuit ses recherches sur la représentation des femmes dans les médias, en particulier dans les magazines féminins québécois.

Michèle Kérisit est professeure agrégée à l'École de service social de l'Université d'Ottawa. Ses recherches portent sur l'exclusion des populations minoritaires au Canada, en particulier des femmes francophones vivant en dehors du Québec et des femmes immigrantes. En 1998, elle a publié, avec Nérée St-Amand, un ouvrage intitulé *Pauvreté et nouvelles solidarités: repenser l'intervention* et elle vient de publier un ouvrage collectif (avec Sylvie Frigon) intitulé *Du corps des femmes: contrôles, résistances et surveillances,* dans lequel elle a écrit un chapitre sur les représentations dominantes – en particulier médicales – qui façonnent notre façon d'aborder la vieillesse féminine.

Diane Lamoureux est professeure au département de science politique de l'Université Laval. Elle a publié plusieurs articles et ouvrages sur le féminisme, dont *Fragments et collages* et *Citoyennes? Femmes, droit de vote et démocratie* (Remue-ménage). Ces dernières années, ses travaux ont porté sur la citoyenneté et la démocratie, ce qui l'a amenée à s'interroger sur les limites théoriques et pratiques des politiques de l'identité. Elle a d'ailleurs dirigé un ouvrage collectif sur ce sujet, *Les limites de l'identité sexuelle* (Remue-ménage, 1998). Elle a récemment fait paraître *L'amère patrie : féminisme et nationalisme dans le Québec contemporain* (Remue-ménage, 2001).

Gertrude Mianda est professeure agrégée au département de sociologie au Collège Glendon et à l'École des études des femmes de l'Université York. Elle est l'auteure de *Femmes africaines et pouvoir. Les maraîchères de Kinshasa* (L'Harmattan, 1996). Elle travaille actuellement sur colonialisme, postcolonialisme et genre au Congo ainsi que sur les femmes africaines immigrantes au Canada.

Carole Noël est titulaire d'une maîtrise en science politique de l'Université d'Ottawa. Sa thèse de maîtrise portait sur l'articulation de la liberté à la maternité dans l'œuvre de Simone de Beauvoir. Elle a participé à trois ouvrages, dont *French Feminists on Religion: A Reader*, sous la direction de Morny Joy, Kathleen O'Grady et Judith Proxon (Routledge, 2001) et *Introduction critique à la Science politique* (La Chenelière, 1996), sous la direction de Gilles Labelle, Lawrence Olivier et Sylvain Vézina. Carole Noël est employée au sein du gouvernement du Canada à titre d'analyste principale des politiques et des communications.

Colette Parent est professeure agrégée au département de criminologie de l'Université d'Ottawa. Ses travaux portent surtout sur la question des femmes en criminologie : elle s'intéresse, entre autres, aux constructions théoriques féministes au niveau de différentes problématiques, dont la prostitution, et à la question de l'intervention pénale auprès des femmes, comme victimes aussi bien que justiciables. Elle a récemment publié *Féminismes et criminologie* (De Boeck/Presses de l'Université d'Ottawa, 1999).

Yvanka Raynova est professeure de philosophie en Autriche. Elle a publié de nombreux articles et essais sur Simone de Beauvoir et Jean-Paul Sartre, entre autres : « Beauvoir, ou vivre d'après ses propres lois » et *Jean-Paul Sartre, le philosophe sans Dieu* (EA, 1995).

Françoise Rétif est professeure à l'Université de Besançon en littérature comparée. Elle a déjà publié deux ouvrages sur Simone de Beauvoir, dont *Simone de Beauvoir et Ingeborg Bachmann : Tristan ou l'Androgyne?* (Peter Lang, 1989), et son récent essai, *L'Autre en miroir* (L'Harmattan, 1998).

Marie-Blanche Tahon est professeure titulaire au département de sociologie de l'Université d'Ottawa. Son champ principal de recherche est la citoyenneté des femmes dans la modernité démocratique. Elle a publié *La famille désinstituée* aux Presses de l'Université d'Ottawa en 1995 et dirigé avec Denyse Côté *Famille et fragmentation*, également aux Presses de l'Université d'Ottawa en 2000.

Geneviève Thibault termine une maîtrise en littérature sur le roman policier québécois. Elle est pigiste et travaille à titre de recherchiste et de journaliste culturelle. Ses activités connexes (radio, événements culturels) révèlent aussi son intérêt pour le milieu des arts.

Achevé d'imprimer
en mai deux mille un, sur les presses
de l'Imprimerie Gauvin, Hull, Québec